地藏本願經白話講解

黃勝常——編著

忉利天宮神通品第一

如是我聞。一時佛在忉利天。為母說法。爾時十方無量世界。不可說。不可說。一切諸佛。及大菩薩摩訶薩。皆來集會。讚歎釋迦牟尼佛。能於五濁惡世。現不可思議。大智慧神通之力。調伏剛強眾生。知苦樂法。各遣侍者。問訊世尊。是時如來含笑。放百千萬億大光明雲。所謂大圓滿光明雲。大慈悲光明雲。大智慧光明雲。大般若光明雲。大三昧光明雲。大吉祥光明雲。大福德光明雲。大功德光明雲。大

南無本師釋迦牟尼佛

南無地藏菩薩摩訶薩

目錄

《地藏本願經》白話講解導讀

地藏菩薩的梵文原名叫作KSITIGARBHA，過去音譯為乞叉底蘗沙，地藏是意譯。

七世紀由玄奘大師所翻譯的《大乘大集地藏十輪經》中說：「安忍不動猶如大地；靜慮深密猶如秘藏。」菩薩因具足這樣的功德，故稱「地藏」。

心如大地，能安持一切，能攝受一切，能長養一切，能含藏一切，以是因緣，故稱地藏。

這本經的正式名稱應該是：《地藏本願經》，這是釋迦牟尼佛在本經第六品中親自為此經所定下的名稱，應當受到尊重。

此經講的是地藏菩薩的根本誓願，以及由此偉大誓願所產生種種功德智慧、神通方便、慈悲惠利。

《地藏本願經》不屬於大乘般若經典，也不屬於大乘涅槃經典，而屬大乘方等經典。何謂方等？即是方便平等。

以此種種方便，引導各類有情奔向解脫，故曰「方便」；普遍得度共登佛地，故曰「平等」。以此種種方便，能令上根有情於佛果及早成就；令中根者於佛道勇猛精進；令下根罪苦眾生易得救度。故曰「方便平等」。

因此，本經是為善人說，也為惡人說；為天人說，也為惡趣眾生說；為修行人、菩薩說，也為鬼神、天龍八部說。

當我們去好好學習本經，即能體察到地藏菩薩的深誓大願力，是如何方便平等地加持各類有情，令其解脫，乃至共證佛果。

首先，我們來看，得到第一個加持的是，墮入無間地獄的眾生（請見本經「忉利天宮神通品第一」婆羅門女的母親）；其次是，地獄眾生；再其次是，三惡趣眾生（請見本經「閻浮眾生業感品第四」光目女的母親）。

我們暫且不管他是墮入無間地獄或是三惡趣，只要歸依地藏菩薩的深誓大願之加持力，就有希望出離惡趣，命終之後能得生人天。

除了惡業眾生外，其他眾生也可由如下五個方面得到地藏菩薩深誓大願力的加持：

一、很多人修學地藏經法，是為了救拔自己死去的親人。因為，在五濁惡世、末法末期的今天，亡者生前難免不造種種惡業，乃至五無間業，是故死後必墮無間地獄或三惡趣。為祈求地藏菩薩救拔亡者，故修學此經。

二、一般男子、女人，在家中南面乾淨的地方設佛龕，親近供養地藏菩薩，為資生眾具充足、五欲眾具稱意，家宅永安，所求遂意，而修學此經。

三、雖是善男子、善女人，為了避免福盡還墮，而修學此經。

四、已發心發願的大乘修行人，為了滅度過去百劫千生的罪業，為了掃清未來修行道路上的障礙和陷阱，期以在消業除障後，大踏步的行在法王夷坦道上，故修學此經。

五、菩薩為了欽慕瞻仰地藏菩薩的功德威神力，為了更能認領地藏菩薩的深誓大願加持力，為了使自己更增加度惡趣眾生的能量，故修學此經（請見本經「忉利天宮神通品第一」的長者子，及「閻浮眾生業感品第四」的小國國王。他們都可列為「世間主」，而《華嚴經》上說，初地菩薩多兼領世間主的身份，故知這兩人都可算是「初地菩薩」）。

由於本經正是為普遍方便接引各類有情而說，因此，端看我們拿出什麼樣的願力來學，就能受到地藏菩薩多少深誓大願的加持。

若是還沒發起大乘願的善男、信女，學這部經時能看到：一、地藏菩薩這麼偉大。二、佛陀這麼偉大。於是心生崇仰，願地藏菩薩、佛陀能做其苦難迷途的回歸依止處。這是上節火車頭，把人往上拽。

同時也看到地獄之可怕、恐怖、痛苦，令其知苦、知怖畏。若令眾生知苦、怖畏的話，就有希望能厭離，走上解脫的路，這正是方便引領，如經文上所說：「廣設方便，使令解脫」。這是底下那節火車頭，從下往上推。

要拔出地獄，非得同時靠這輛爬山的火車上下兩節火車頭的帶動力量，才能拔得出來。不過這樣去理解、學習，仍屬俗諦。

對大乘修行人而言，除了明了俗諦義外，還要學到真諦。也就是不依世間的語義，要依奧義，也就是要能「於相離相」來學。

本經除第二品及第三品以外，幾乎每品都一再提到要塑、畫、瞻禮佛菩薩的形像，或稱佛菩薩名號以得救拔。

這一點很容易引起教外人士的詬病，指責這是大搞迷信、偶像崇拜。就在佛教徒中也常易犯疑。因此，不能不好好地對待這個問題。

《華嚴經·十住品》中說，要想「發菩提心，求一切智」，其動因可以是由「見佛世尊，形貌端嚴，色相圓滿，人所樂見，難可值遇，有大威神力。」或者是由「見眾生受諸劇苦」。而像我們這樣的末世眾生，因業力深重、福薄善淺，既見不到佛菩薩的完美形像，又不敢去見眾生所受的劇苦。這樣，很難發起奔向善良光明的意願和決心。

如果連意願都發不起來，那豈不是勢必將永墮黑暗了嗎？

由觀想佛菩薩慈悲完美的形像，並努力企圖摹繪雕塑之，或者全心專意地稱頌佛菩薩名號，觀想他們的慈悲功德，使我們的心，很快地由惡轉善，由黑暗處嚮往光明，而一切的惡相苦境全是黑暗邪惡的心所召感來的。自心出離黑暗邪惡，就是背離了惡相苦境的開始，這是一種最快捷、最方便的法門。

為什麼每一個國家乃至每一個文明都市，都必須花大錢建立藝術博物館和音樂廳？因為大家都認為美好的藝術形像、美妙的音聲可以陶冶人的心性。

世俗之作尚可陶冶心性，而佛菩薩的形像和名號所代表的是真、善、美，對於陶冶人的心性豈不具有最大的效果嗎？為什麼卻要指責這是在「大搞迷信」呢？

學這部《地藏本願經》，最好不要「於相著相」來學，不要去執著文字語言相，要探究諸佛本懷，要先發願正解諸佛菩薩的真實義。這樣才能受到最大的惠利。

如在「分身集會品第二」中，釋迦牟尼佛以其大覺威神力，護念久遠劫來諸世界的分身地藏菩薩，度盡一切罪苦眾生，悉使解脫，永離諸苦，遇佛授記。若能「於相離相」來看的話，這正是啟示大乘修行人：

釋迦牟尼佛所代表的無上大覺力，正是我等當發之阿耨多羅三藐三菩提心；地藏菩薩所代表的深誓大願力，正是我等當發之滅度一切眾生的大乘願。

大覺力代表的是上節火車頭，深誓大願力代表的是下節火車頭，這一上一下的合作，令我們終究證得佛果。

因此，當常念大善知識、善友所傳授之地藏菩薩所代表的深誓願力法，此乃歸依僧、歸依法，依地藏菩薩之身教來提醒自已本發或當發之大乘願。於此勇猛精進、努力不懈，如是則能受到地藏菩薩深誓大願力的加持。由此加持，接上釋迦牟尼佛的大覺威神力，如是歸依上佛。

以此三歸依，則受三寶加持、諸佛護念，於菩薩行能更轉增上。

因此，無論是善男信女或是大乘修行人，都以各自的願力來學習此經，而能得到地藏菩薩大願力的加持，終究都會發實和地藏菩薩共同的大願，終究皆令自己及一切眾生共證佛果，實現地藏本願。

讀《地藏本願經》前的祈禱文

我今至心憶想遙擬：

惟願我今翻開《地藏本願經》，猶如親身參與當時忉利法會。親炙本師 釋迦牟尼如來、地藏菩薩摩訶薩，及諸菩薩摩訶薩之教誨。

願我現在讀誦此經，猶如佛菩薩、地神、閻羅天子，以及鬼王，親口為我說法開示。

願我與諸善知識，所開示之法，至心相應——一心相應、勇猛相應、深心相應。

願我恆常讀誦此經，信受奉持，憶念不忘，護令不失，流佈將來，廣度有情。

願以讀誦此經功德，與地藏菩薩摩訶薩，深結法緣。

願以讀誦此經功德，迴向我久被覆藏之智慧覺性——迴向阿耨多羅三藐三菩提。

願以讀誦此經功德，迴向十善業道。

願以讀誦此經功德，迴向一切罪苦眾生、一切十方六道眾生。

願以讀誦此經功德，迴向過去無量生死——願我及一切眾生，速得依此經功德，除滅無量劫來，十惡、四重、五逆、顛倒、謗毀三寶、一闡提罪。

願以讀誦此經功德，迴向＿＿＿＿，願令＿＿＿＿依此經功德，速得除滅惡業重罪，離諸一切障礙、一切苦厄，現得安隱。

惟願我及＿＿＿＿以及一切眾生，速疾皆得，地藏菩薩摩訶薩，哀憐垂愍、慈悲攝受、救拔提升、開示化導。

為臨終者或四十九天內新近命終者，讀經前的祈禱文

頭面頂禮地藏菩薩摩訶薩雙足之前！

恭敬供養地藏菩薩摩訶薩！

回歸依止地藏菩薩摩訶薩！

唯願＿＿＿＿以及一切新近命終者，速得地藏菩薩摩訶薩緊急救拔！

唯願地藏菩薩摩訶薩以慈悲、方便、無畏神通力加被我等，我等已發願為＿＿＿＿以及一切新近命終者，讀誦《地藏本願經》，欲以救拔此人於大苦難之中！

唯願地藏菩薩摩訶薩以慈悲、方便、無畏神通力，加被＿＿＿＿以及一切新近命終者，令其勇敢誠實，面對此前所造一切身、口、意三種惡業之十種惡

行：殺生、偷盜、邪婬；妄語、兩舌、惡口、綺語；貪欲、瞋恚、邪見等罪，悉發慚愧懺悔之心，除滅業障。

唯願地藏菩薩摩訶薩以慈悲、方便、無畏神通力，加被＿＿＿＿以及一切新近命終者，令其和善柔軟，寬恕放過一切怨親仇敵，除滅業障。

唯願地藏菩薩摩訶薩開解＿＿＿＿以及一切新近命終者，救拔＿＿＿＿以及一切新近命終者，引領＿＿＿＿以及一切新近命終者，免受大痛苦，令其勿墮地獄、畜生、餓鬼等三惡道，令其受生人天高處，令其生生世世追隨地藏菩薩。

南無地藏菩薩摩訶薩！

南無地藏菩薩摩訶薩！

南無地藏菩薩摩訶薩！

祝願文

我三寶弟子＿＿＿＿，於地藏菩薩摩訶薩像前，以至誠至敬之心，發此宏願，願曰：

南無地藏菩薩摩訶薩！

南無地藏菩薩摩訶薩！

南無地藏菩薩摩訶薩！

願我及一切眾生，常受持讀誦《地藏本願經》；

願於受持讀誦此經中，深解諸佛菩薩真實義；

願護持此經，及地藏法門，直至此土一切罪苦眾生，皆得度脫；

願我累世父母、夫妻、兄弟、姐妹、子女、眷屬，以及此土一切罪苦眾生，皆依此經功德而得救度；

願一切諸佛剎土，有地獄處，一切罪苦眾生，皆依此經功德而得救度；

願一切時、一切處、一切眾生，與我同發誓願，皆得地藏菩薩，大願威神力加持，皆蒙惠利，出離五無間獄、出離一切大小地獄、出離三惡趣、出離六道輪迴、出離三界火宅、出離生死苦海，永離一切八苦，依如來正教、如來方便（註）修行，共登佛地，共證佛果，共享真常、真樂、真我、真淨之大涅槃；

願隨地藏菩薩，至彌勒菩薩成佛以來，度盡此土一切罪苦眾生；

願以此願，接引地藏菩薩大願威神力，加持於我；

願我依地藏大願威神力，具足圓滿成就此願；

願以此願功德，恭敬供養三世諸佛、恭敬供養三寶、恭敬供養地藏菩薩摩訶薩；

願以此願功德，迴向三世十法界一切有情。

南無地藏菩薩摩訶薩！

南無地藏菩薩摩訶薩！

南無地藏菩薩摩訶薩！

（註）南無：梵名 namo，音「拿摩」，意譯「歸依」。

如來正教：四法印、四聖諦、十二因緣法、三十七助道品。

如來方便：六波羅蜜及慈、悲、喜、捨四無量心。

開經偈

無上甚深微妙法
百千萬劫難遭遇
我今見聞得受持
願解如來真實義

地藏本願經白話講解

忉利天宮神通品第一

以下這段經法，是我參加地藏法會，親耳聽聞佛陀及諸大菩薩開示的紀錄。

那一次，釋迦牟尼佛在忉利天，為他在人間示現受生的母親—摩耶夫人開示正法。

那時，在十方無量世界裡的一切諸佛剎土，有數不清的那麼多佛，還有那些大菩薩，統統來到這次法會上。大家一齊讚美、感歎釋迦牟尼佛，能夠在五濁惡世娑婆世界裡，示現這樣無量、無邊的大智慧、大神通的功德力，來調順降伏此土剛強難化的有情，讓他們從「知苦樂法」開始，行上真正離苦得樂之道。因此，所有的佛剎土都派了他們的使者，前來向釋迦牟尼佛問訊。

這時，釋迦牟尼佛面帶微笑，放出百千萬億大光明雲。所謂：大圓滿光明雲、大慈悲光明雲、大智慧光明雲、大般若光明雲、大三昧光明雲、大吉祥光明雲、大福德光明雲、大功德光明雲、大歸依光明雲、大讚歎光明雲。

釋迦牟尼佛放了法光明雲之後，接著再發出各種微妙的法音。所謂：布施波羅蜜音、持戒波羅蜜音、忍辱波羅蜜音、精進波羅蜜音、禪定波羅蜜音、般若波羅蜜音、慈悲音、喜捨音、解脫音、無漏音、智慧音、大智慧音、師子吼音、大師子吼音、雲雷音、大雲雷音。

當釋迦牟尼佛發出無量無邊的法音以後，娑婆世界跟其他世界裡，所有無量億的天龍八部，受到法光明雲和微妙法音的感召，也都一起來到忉利天宮，參加法會。他們是從以下這些天來的——四天王天、忉利天、須燄摩天、兜率陀天、化樂天、他化自在天，梵眾天、梵輔天、大梵天、少光天、無量光天、光音天、少淨天、無量淨天、遍淨天、福生天、福愛天、廣果天、無想天、無煩天、無熱天、善見天、善現天、色究竟天、摩醯首羅天……乃至非想非非想處天。一切天眾、龍眾、鬼神等眾，都來參加這個法會。

接著，又有他方國土跟娑婆世界的神祇，計有海神、江神、河神、樹神、山神、地神、川澤神、苗稼神、晝神、夜神、空神、天神、飲食神、草木神……等。有這麼多的神祇，都來參加忉利天宮的法會。

接著，又有他方國土跟娑婆世界的諸大鬼王，計有惡目鬼王、噉血鬼王、噉精氣鬼王、噉胎卵鬼王、行病鬼王、攝毒鬼王、慈心鬼王、福利鬼王、大愛敬鬼王……等。有這麼多的大鬼王，也都來參加忉利天宮的法會。

那個時候，釋迦牟尼佛對文殊師利法王子菩薩摩訶薩說：你來看看，這次來參加我們忉利天宮法會的會眾，有的從娑婆世界—我的國土來，有的從其他世界的其他佛國土來，這些出席法會的一切十方佛剎土的如來、菩薩及天龍八部，到底有多少位，你知道嗎？

文殊師利菩薩回答佛陀說：世尊啊！依我的神通力，花一千劫的時間來算，也算不出來有多少位。

佛陀對文殊師利菩薩說：就以我的佛眼來看，也還數不清到底有多少會眾。這所有的會眾，統統都跟地藏菩薩有關。他們都從無量久遠劫以來，承受地藏菩薩所發的大願神通力加持，有些是已經得度、成就的（譬如一切十方佛剎土的諸佛與諸大菩薩），有些是在這次法會該度、該成就的（譬如一切十方佛剎土的阿羅漢、辟支佛以及天龍八部），還有那些還沒得度、成就的（譬如一切十方佛剎土的鬼眾）。

文殊師利菩薩就回答佛陀說：偉大的佛陀啊！我從很久很久以前就開始修習善根，也早已證得四無礙智，所以，我只要聽您一講，馬上就能夠信受奉持。而只求小乘果位的聲聞眾，以及天龍八部眾，還有未來世的眾生們，由於福報善根不夠，對您所講的真理，就不能深生信心，以此為實，一定會懷疑。假如還硬要他們信受奉持的話，就免不了引起毀謗。所以，一心祈求世尊您詳細地來講一講，地藏大菩薩在「因地」做了什麼事，發了什麼願，而能成就這樣無量無邊的功德？

佛告訴文殊師利菩薩說：假如把三千大千世界裡面，所有的草、木、叢、林、稻、麻、竹、葦、山石、微塵，以上每一樣都算成是一條恆河。而把每一條恆河裡面的所有的沙，其中每一顆沙都算成是一界。在每一界裡又有無數微塵，每一粒微塵就算成是一劫。把累積下來的所有微塵數，全部加起來的劫數，再乘上一千，還比不上地藏菩薩證得十地果位以後一直到現在，度眾所經歷過的時間。那更不用說，還要算上他在聲聞、辟支佛地，度眾所經歷過的時間！

文殊師利啊！地藏菩薩的大願威神力，是那樣地無量無邊。如果未來世，有持十善法戒的善男子、善女人，一聽到了地藏菩薩的名字，就讚美稱歎，或瞻仰禮拜，或頌揚他的名號，或供養，甚至用色彩來繪畫、雕刻、塑漆地藏形像。他這麼做，在未來一定會有一百世受生到忉利天，永遠不再墮於惡道。

文殊師利，地藏大菩薩在很久很久以前，是位大富大貴者的兒子。當時有佛出世，佛的名號是師子奮迅具足萬行如來。這時，這位大富大貴者的兒子，看到師子奮迅具足萬行如來的卅二相、八十種好，是這樣福慧具足、威儀莊嚴，於是就問他說：「您是發了什麼願，做了什麼事，得到這麼好的形象？」師子奮迅具足萬行如來就回答說：「你要得我這樣的形象，就必須在無量劫中，去救度解脫一切罪苦深重的眾生。」

文殊師利，當時，這位大富大貴者的兒子就因此發這樣的願：「我願從今以後，到無窮盡的未來，都要用種種方便，來救拔因罪受苦的六道眾生，等這些眾生都解脫了，我才要成佛。」因為大富大貴者的兒子，在師子奮迅具足萬行如來的面前，發下這樣的大願，所以到現在，已經經過了百千萬億兆、數不清的劫數，他還是菩薩。

又經過了無量阿僧祇劫，有佛出世，佛號：覺華定自在王如來，佛壽四百千萬億阿僧祇劫。在此佛示滅後的像法時期中，有位婆羅門女（他是前面那位大富大貴者兒子的轉世），由於久行菩薩行的緣故，她的福德很深厚，為眾人所欽慕尊敬，她的行、住、坐、臥，都受到諸天的衛護。而她的母親信仰邪道，經常輕視三寶。

當時，婆羅門女想盡種種辦法，勸告、誘導她的母親，要讓她母親能生起正信，歸依三寶。但是，她母親就是不肯全信。不久，她母親死後，受生到無間地獄。

那時，婆羅門女明白，她母親生前不相信「作善獲福、為惡受殃」的善惡苦樂因果，還經常詆毀三寶，以這樣的惡業力，一定得受生下三趣。於是，婆羅門女就把所有家產全都變賣，買了供養佛和僧的物品，包括各種香、鮮花、衣服、飲食、臥具、湯藥……等供具，全數供養給覺華定自在王如來的塔廟。

婆羅門女在塔廟裡，見到覺華定自在王如來的塑畫形像，是那麼的威儀、莊嚴、美好。當時，婆羅門女對佛像瞻仰禮拜，對佛更加敬仰，自言自語地念著：「佛是最大的覺悟者，並具有一切智慧。如果佛在世，我去問佛的話，佛一定能知道我母親死後的去處。」

那時，婆羅門女在佛像前，忍不住悲從中來，低著頭哭了很久，然後，又再抬頭凝神望著佛像，戀慕著如來。就在這個時候，空中有聲音對她說：「正在哭泣的聖女啊！妳不要再悲哀了。我現在告訴妳，妳母親的去處。」

婆羅門女合掌對著空中問：「這是哪裡來的神，要寬慰我心裡的憂慮？自我母親死後，我從早到晚不停地思念她，想著她死後的去處，卻沒有地方可以問，我母親受生到哪裡去了？」

這時，空中的聲音再對她說：「我就是妳瞻仰、頂禮的覺華定自在王如來。我見到妳對妳死去母親的哀思，遠遠超過了人之常情，因此，特別來告訴妳她的去處。」

婆羅門女聽到這個聲音以後，就跳起身來，又撲到地上，把手腳都摔壞了。旁邊的人把她扶起來，過了大半天才醒過來。馬上就衝著空中問：「希望佛陀您慈悲，趕快告訴我，我母親受生到哪裡去，因為，我馬上就要死了，好去我母親受生的地方找她。」

那時，如來就告訴聖女說：「等妳把供養的佛事作完以後，就趕快回到住處，專心地端坐思惟我的名號，就可以馬上知道妳母親受生到哪裡去了。」

不久，婆羅門女禮完佛後，就馬上回家。為了想要趕快見到母親，就專心地端坐稱念、思惟覺華定自在王如來的名字和功德。

經過一日一夜，忽然看到自己來到了一個大海邊，海水不只在洶湧，而且像開了鍋一樣地沸騰。海上有很多毒惡的怪獸，身子全然是鐵，有的飛行、有的行走在海上，彼此互相追逐。還看到那些百千萬數的男男女女，在海中漂浮升沉，被那些毒惡的怪獸爭先恐後地吞食。

又看到形狀各有不同的夜叉，有的多手、有的多眼、有的多足、有的多頭，而且牙齒從嘴裡齜裂出來，像利刀快劍一般，把那些男女罪人，趕到怪獸身邊，讓怪獸用爪子去捉住他們，撕咬他們的頭、腳。夜叉們彼此還相互撲打，頭腳都纏鬥在一起。這萬種慘相，令人不敢一直盯著看。

那時，婆羅門女因為念佛功德的念力很強，就受到如來威神力的加持，三寶的護念，所以，當她看到這些慘相，自然而然就無有恐怖。

有位鬼王名叫無毒，他對聖女行個禮表示迎接，並且問她說：「菩薩，您好啊！您為什麼來這裡？」

聖女就問：「這是什麼地方？」

無毒答：「這是大鐵圍山，西面的第一重海。」

聖女問：「我聽說大鐵圍山裡面有地獄，是真的嗎？」

無毒答：「真的有。」

聖女問：「我該如何才能進得了地獄？」

無毒答：「如果不是靠諸佛菩薩的威神力，就得靠深重的惡業力。若不靠這兩個辦法，終究是到不了地獄的。」

聖女又問：「為什麼這海水會洶湧沸騰，又有這麼多的罪人和怪獸？」

無毒回答說：「這些造惡眾生是從閻浮提來的，都剛死不久。在他們死了四十九天以後，沒有後繼關心的家人，為他們做佛事修功德救拔苦難，再加上他們生前，又沒有造任何善業。在這個情況下，根據他們原本所造的惡業，就會召感出這樣的地獄景象，以惡業力故，自然就會先渡過這一重海。

但在這一重海的東邊，渡過十萬由旬那麼遠，又有一重海，此海的苦，比前一重海要加倍。再往東又有一重海，其苦比前一重海還要再加倍。為什麼這些海會出現呢？這是由我們造身、口、意三種惡業所召感出來的，此三重海就叫『業海』」。

聖女又問：「那麼地獄在哪兒？」

無毒回答：「這三重業海內，就是大地獄，有數百千個，種類各各不同。其中最大的地獄有十八個；再可分成五百個，其苦毒無量；再細分，又可分成千百種不同受苦的地獄，其苦亦無量。」

聖女又問大鬼王說：「我母親剛死不久，不知道她受生到哪一道去了？」

鬼王就問聖女：「您母親活著的時候，身口意三業習慣性地想些什麼？說些什麼？做些什麼？」

聖女回答：「她活著的時候總起邪見，譏笑毀謗三寶。有時，她暫時相信一下，等會兒又開始不敬三寶。雖然她剛死不久，我卻不知她受生到哪裡去了？」

無毒問：「您母親叫什麼名字？」

聖女回答：「我父親、母親都屬於婆羅門種姓。父親名叫尸羅善現，母親名叫悅帝利。」

無毒鬼王合掌告訴菩薩說：「請聖者您回到人間去吧！您的母親已不在這兒，您也不需再這樣憂悲苦惱地去思念您母親了。悅帝利罪女的確是到過這兒，可是現在已經離開了，而且受生到天道已經三天了。

因為她有您這樣孝順的孩子，為她設了大供養—用一切盡捨、破家供養的辦法修了大福，來布施供養覺華定自在王如來塔廟。所以，不只是您母親得以脫離地獄，同時，無間地獄的罪人也已經一同受生到天道，享受安樂了。」鬼王說完後，合掌敬禮而退。

婆羅門女突然一下從夢中醒過來，領悟了這整件事，馬上就到覺華定自在王如來的塔像前，發下大弘誓願：「願我盡未來劫，我要回應一切罪惡受苦的眾生，用一切的方便法門，讓他們解脫。」

釋迦牟尼佛就告訴文殊師利菩薩：「那個時候的無毒鬼王，就是當今的財首菩薩。那個時候的婆羅門女，就是現在的地藏菩薩。」

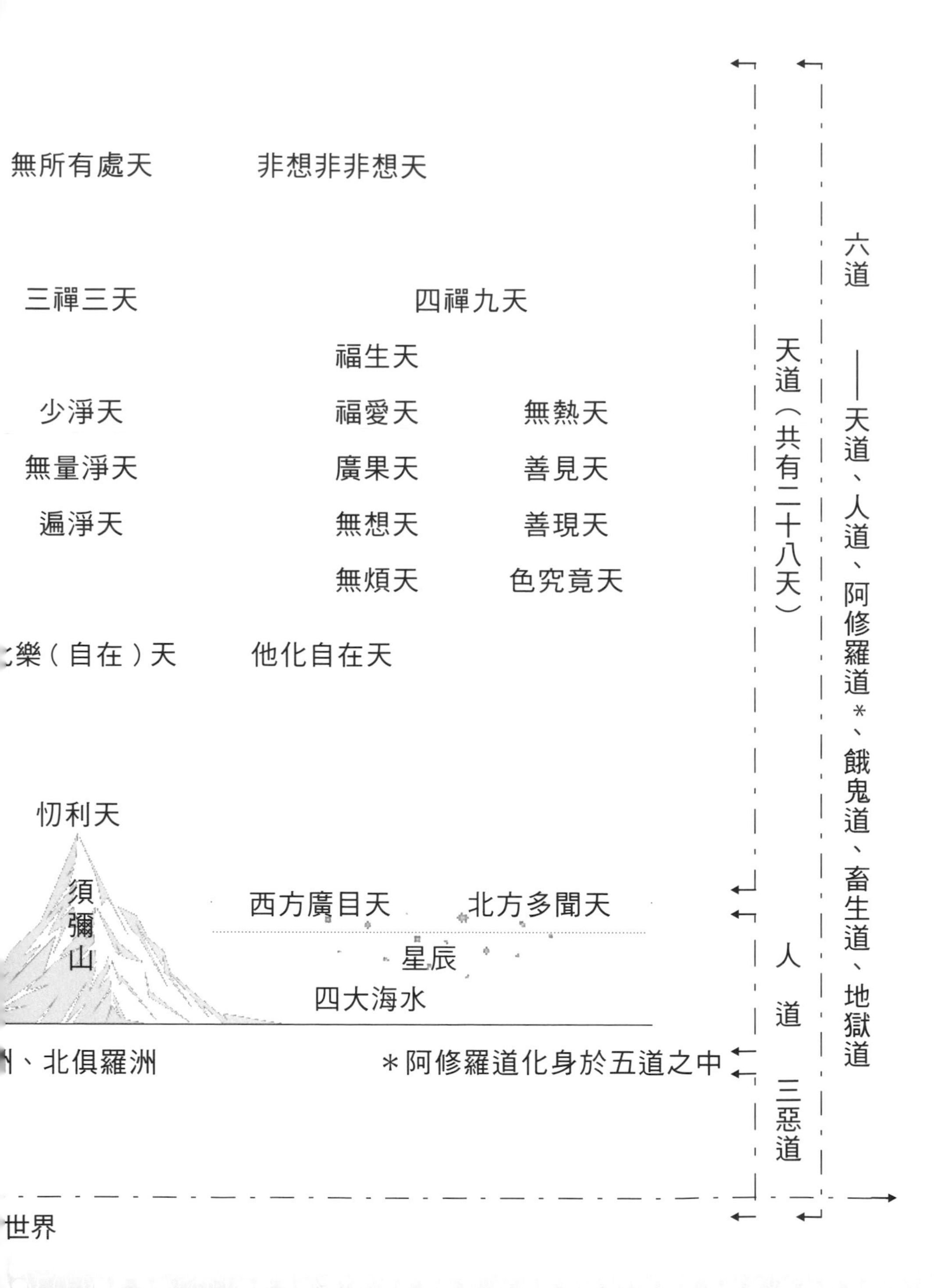

無所有處天
非想非非想天
六道
三禪三天
四禪九天
福生天
天道（共有二十八天）
少淨天
福愛天
無熱天
——天道、人道、阿修羅道*、餓鬼道、畜生道、地獄道
無量淨天
廣果天
善見天
遍淨天
無想天
善現天
無煩天
色究竟天
樂（自在）天
他化自在天
忉利天
須彌山
西方廣目天
北方多聞天
星辰
人道
四大海水
洲、北俱羅洲
*阿修羅道化身於五道之中
三惡道
世界

娑婆世界與三界、六道的關係簡圖

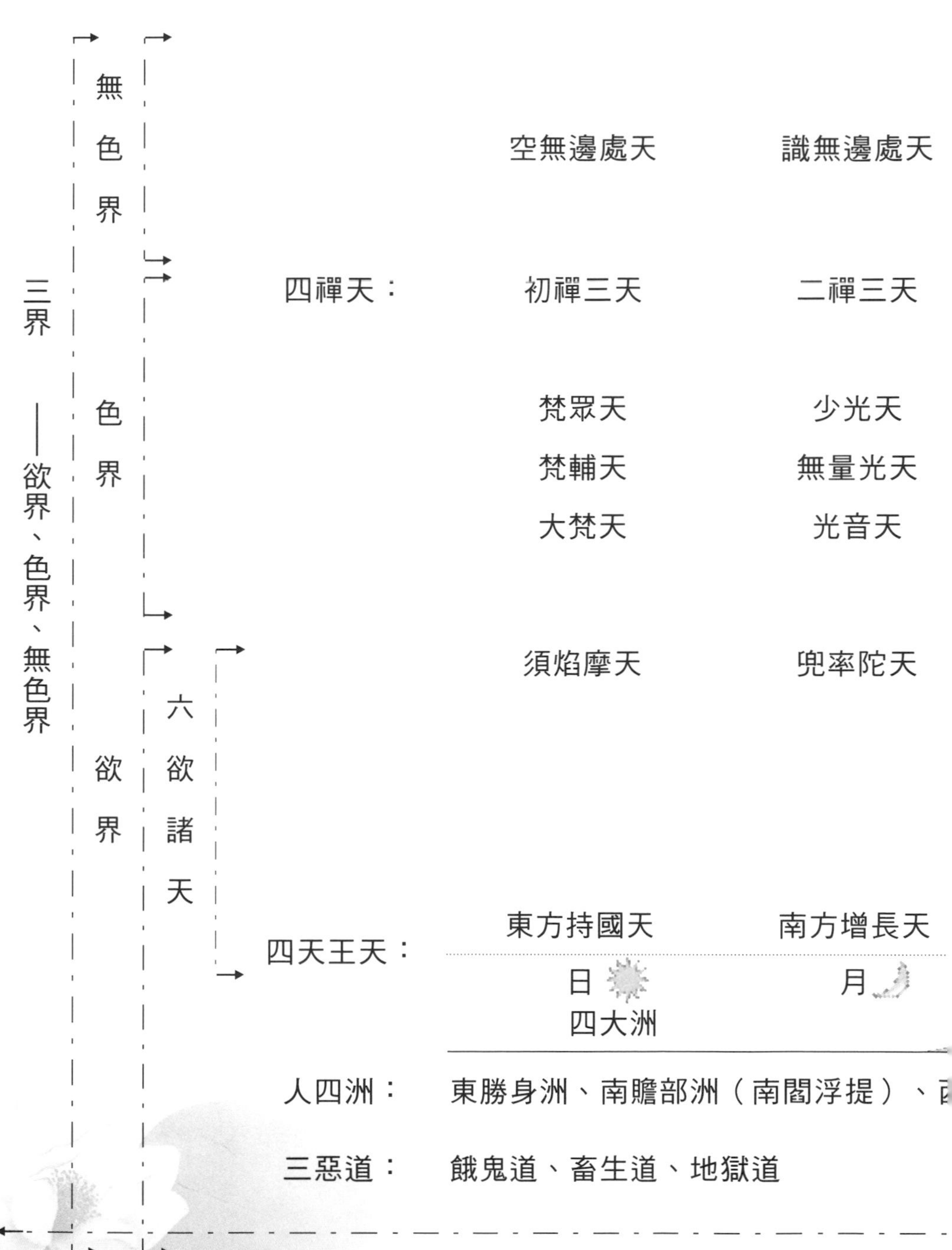

大鐵圍山
意
惡業海
口
惡業海
身
惡業海

大鐵圍山與三重業海示意圖

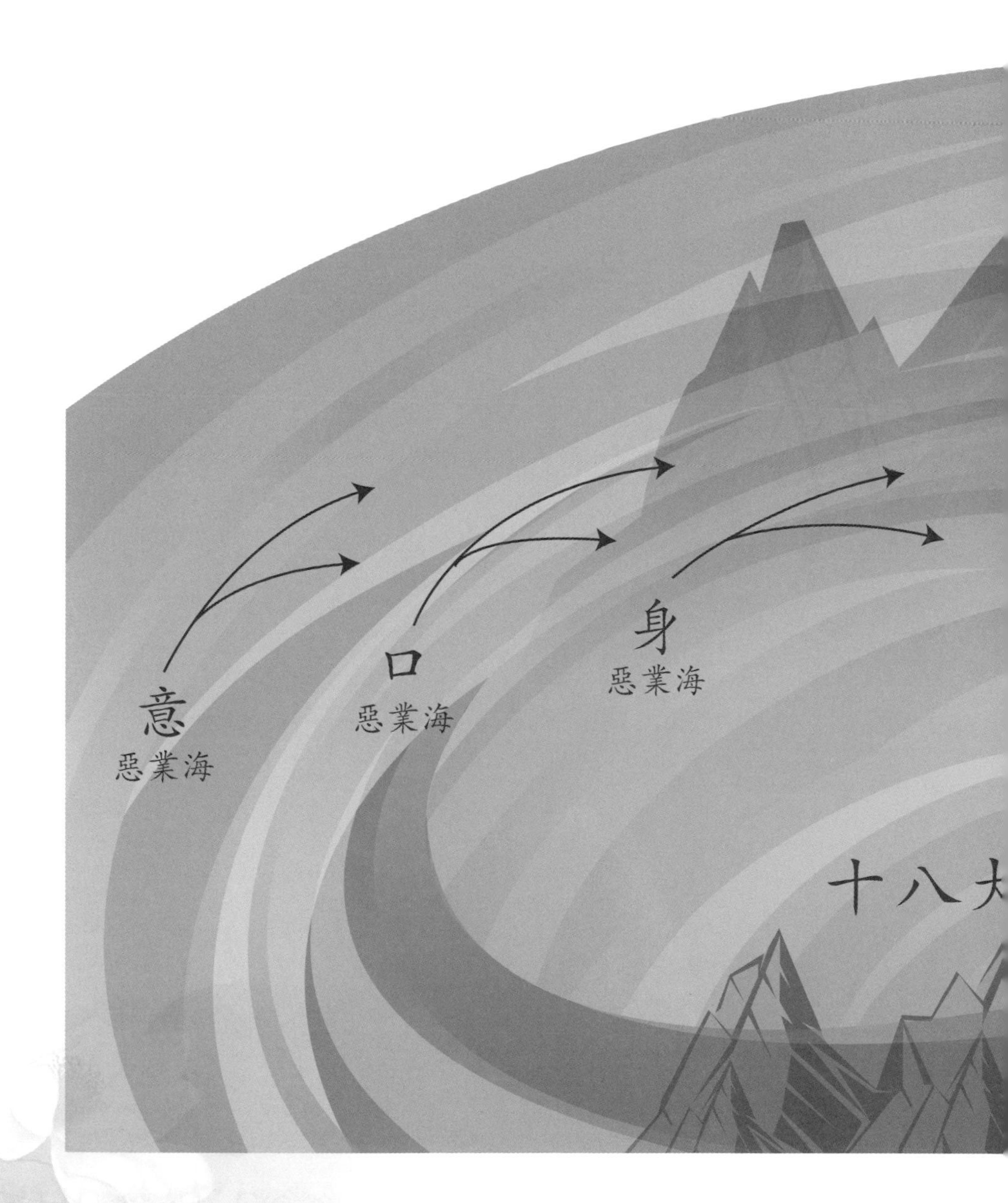

分身集會品第二

那時，在十方無量不可思、不可議、不可量、不可說、數不清的世界裡面，所有地獄處的地藏菩薩分身，全部都來到忉利天，參加法會。

受到釋迦牟尼佛威神力的召感，也有從各個地方來的、數不清的，已經從業力促動中解脫出來的眾生，都一起拿著香、鮮花到忉利天來供養佛。這些一起同來的眾生，都是因為受到地藏菩薩的救拔教化，永遠不會退轉於無上正等正覺了。

這些眾生，曾經長久地在生死苦海中流浪，在六道中輪轉，受無量八苦，沒有暫時的休止停息。他們後來都是受到地藏菩薩的大慈悲威神力，以及大願威神力的加持而得解脫，並在佛法中修行而各自証得一定的善果。他們一齊來到忉利天，以最大的歡喜心，瞻禮仰慕如來的三十二相、八十種好，捨不得眨一下眼。

此時，世尊伸展他那紫磨金色的手臂，摩十方無量不可思、不可議、不可量、不可說、數不清的世界裡面，所有分身地藏菩薩的頭頂，對地藏菩薩說：

我在五濁惡世教化那麼多剛強難化的眾生，讓他們的心能調順降伏，能夠捨去一切邪法、惡道，歸依正法、正道，但能度的不過是十分之一、二。而即使被救度的眾生，他們還有惡習在，免不了又重墮惡道。我也和你一樣分身千百億，廣設無量方便，去度化眾生。

這些眾生可分成幾類：有根器很明利的，一聽到佛法，就能信受奉持；另一種有很多善業，福報很大，但還要經常以作善才能成就善果的道理去勸告激勵他；還有根器混暗愚鈍的，要長時間不斷地開解，才能回歸依止三寶；更有惡業深重的，不受教也不受度化，總是不能恭敬歸依三寶。這些眾生的福報善根都不一樣，所以要現平等的分身去度化：

對男子、女人要現男子身、女子身，對天人要現天人身，對阿修羅要現龍身、神身或鬼身去度，甚至將無情的山林、川原、河池、泉井，都方便地被用來作為分身，成為感動激發、救度一切有情的手段。有時或現天帝身、或現梵王身、或現轉輪王身、或現居士身、或現國王身、或現宰輔身、或現官屬身、或現比丘、比丘尼、優婆塞、優婆夷身、乃至現聲聞、羅漢、辟支佛、菩薩等身，都是依眾生的善根福報和罪業深淺來度化，並不是都以佛身的示現來度化。

佛對地藏菩薩說：你看我啊，無量百劫千生以來，都這麼勤苦地用各種辦法，去度化那些最剛強難化、罪業最深重的、也是受苦難最慘重的眾生。但是還有尚未調伏的眾生，依舊還是隨業報應，當他們下墮惡趣遭受大苦時，你就要想到此刻我在忉利天一再囑咐的話：從現在起一直到彌勒菩薩在人間示現受生成佛，娑婆世界所有的苦難眾生，都歸你來幫他們得到解脫，永離八苦，直至得到佛的灌頂授記作佛。

此時，所有世界的分身地藏菩薩都合成一形，被佛陀的大慈悲心和交付的重任所感動，涕淚俱下，一邊瞻戀如來，一邊哀憫眾生地跟佛說：

我從久遠劫以來，蒙佛接引，才能獲得大智慧及不可思議神力。我的分身，遍滿百千萬億恒河沙數那麼多的世界。在每一世界，都能化成百千萬億分身；每一分身，都能救度百千萬億眾生身，令眾生歸依禮敬三寶，永離生死苦海，最後終於証得涅槃之樂。任何一個眾生，只要在佛法之中，作一點好事，哪怕是像一根毛、一滴水、一粒沙、一顆灰塵，像頭髮尖那麼小的好事，我都會利用他那一點善，讓他的善增長，去滅度他的惡，使他漸漸得度，獲得最大的惠利。所以祈願世尊，不要再為後世惡業眾生擔憂操心。

地藏菩薩對佛陀如是重覆了三次這個誓願：祈願世尊，不要再為後世惡業眾生擔憂操心。

那時，世尊歡喜地讚美地藏菩薩說：太好了！太好了！我就為你隨緣助喜！你一定能成就久遠劫來所發的大誓願，度盡一切惡業眾生，你才成佛。

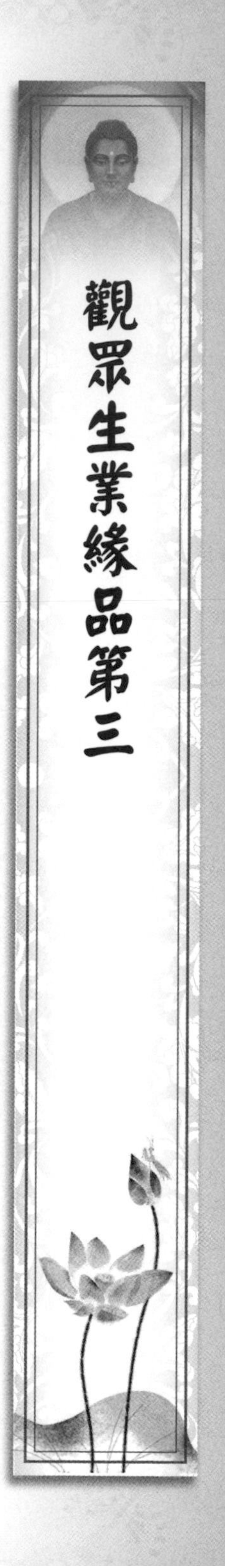

觀眾生業緣品第三

那時，摩耶夫人就很恭敬地合掌問地藏菩薩：聖者，閻浮眾生造業不一樣，他們所受的報應是怎麼樣的不同呢？

地藏菩薩回答：無量千萬世界，以及那些世界裡的種種國土，有的世界有地獄，有的世界沒有地獄；有的世界有女人，有的世界沒有女人；有的世界有佛法，有的世界沒有佛法；有的世界有聲聞、辟支佛，有的世界沒有聲聞、辟支佛。十方無量世界，一切眾生造業差別很大，並不是只有地獄罪報一種。

摩耶夫人再一次向地藏菩薩表白：我還是願意聽到您的開示，對於南閻浮提眾生，以罪來答報所造的惡業，將召感來什麼樣的惡趣呢？

地藏菩薩回答說：聖母，您還是願意聽受，我就簡單大致地說說。

摩耶夫人就說：願聖者開示。

這時，地藏菩薩開示摩耶夫人說：南閻浮提眾生造作如是惡業，果報如下——

第一種惡業是：假如有眾生不孝順他的父母，甚至到殺害父母的地步，那麼這個罪的本身，就會讓他墮無間地獄，而且在那裡待上千萬億劫，想要出來都遙遙無期。

第二種惡業是：假如有眾生殺佛、害佛，毀謗三寶，不恭敬經典，那麼這個罪的本身，也會讓他墮無間地獄，而且在那裡待上千萬億劫，想要出來都遙遙無期。

第三種惡業是：假如有眾生在出家人的修行共同體裡，侵犯、傷害那些常住的修行人，對僧、尼做出種種的屈辱；甚至在僧團內，放逸其心地行淫；甚至殺害僧尼。造了這種種惡業的眾生，也會墮無間地獄，而且在那裡待上千萬億劫，想要出來都遙遙無期。

第四種惡業是：假如有眾生假稱自己是出家人，卻沒有真心依佛法發出家願，不是以清淨心出家；濫用真正出家修行人必須賴以生存的資糧；欺誑在家居士貪圖名聞利養；毀壞僧伽裡的戒律。造了這種種惡業的眾生，也會召感到無間地獄的惡境界，受苦受到千萬億劫，想要出來都遙遙無期。

第五種惡業是：假如有眾生對於修行共同體裡的財物、穀米、飲食、衣服，甚至一個小的東西，如果沒有經過許可，就拿來用，這種偷竊的行為，本身就要召感無間地獄的境界，以至於千萬億劫受苦，求出無期。

地藏菩薩對摩耶夫人說：聖母，假如眾生，造作了上面的五項惡業，就必定墮入五無間地獄，即使想只求暫時停止一剎間的苦，都辦不到。

接著，摩耶夫人又問：為甚麼會叫做無間地獄？

地藏菩薩回答說：聖母！「廿五有」中，有地獄的地方，都在大鐵圍山裡面。那裡，有一個地方叫大地獄，是由十八所大地獄營造成的，裡面又依我們所造的惡業，召感分別出五百個中地獄，千百個小地獄，各有各的名字。

地藏菩薩接著說，大地獄的最外層、或最上層，周匝八萬餘里，牆是純鐵作的，高一萬里，牆上有火，很少地方是沒有火的，這表示很難出去。在大地獄城牆裡面，有各式各樣的中小地獄，它們都是連著的，各有各的名稱。

其中有一個特殊的地方叫「無間地獄」。它的獄牆周圍是一萬八千里，牆高一千里，是純鐵打造的，上面有火對著下面噴，下面也有火對著上面噴。鐵蛇、鐵狗在獄牆上吐着火，馳騁追逐著那些罪業眾生，顯然是在到處巡邏，防止潛逃。

獄裡有一個床座，這床座很大，方圓有一萬里。當一個造罪的人在受罪苦時，看到自己一個人的身體被綁在這個床上，而且佈滿了整個床；如果千千萬萬造罪的人，在受罪苦時，也都只看到是自己一個人的身體被綁在這個床上，也佈滿了整個床。這就是造作五無間業，所召感到的果報。

這些罪人還飽受以下的種種苦：

千百個夜叉、惡鬼，嘴裡的牙像劍一樣長、一樣利，眼睛像電光那樣恐怖，讓你不敢正視。手上長的是銅爪，又拽、又抓、又拖、又拉，把罪人整得體無完膚。

又有的夜叉，手拿多刃、尖銳的大鐵戟去叉罪人的身，或叉口鼻，或叉腹背。又往後，把他拋到空中去，再拿那大鐵戟去接，或者逕自讓他跌回床上。

還有鐵鷹過來叼罪人的眼睛。

還有鐵蛇用身體絞住罪人的脖子。

還有的夜叉，在罪人全身骨骼的每一個關節，釘下長釘；把罪人的舌頭拉出來，讓帶着犁的鐵牛去犁罪人的舌頭；把腸子拉出來，一段段的切，細細的剁；把熔化的銅灌到口中，燒紅的熱鐵纏到罪人身上。任何一種折磨，都能讓人即刻死去；但死去馬上又活過來，再來受這些罪苦。造了五逆重罪，就會召感如此無間地獄之苦，千萬億劫求出不得呀！

當這個世界毀滅時，當下的無間地獄也不復存在了，罪業眾生就會帶着這些罪業到別的世界去受生；當那個世界又毀滅時，就轉生到另外一個世界；當那個世界再度毀滅時，又不斷的轉到別的世界去受生。當最初的世界再形成後，還要回來受苦。任何的無間地獄，對造了五逆重罪的惡業眾生來說，都有很大的召喚力，無間地獄的罪報是如是的沒有止境。

地藏菩薩又說：有五種業感因緣，故稱「無間」。哪五種呢？

第一種業感因緣：從時間來說，在無間地獄裡，沒有一段時間不受罪苦，乃至千萬億劫，一直不停重覆的在受，所以叫無間。

第二種業感因緣：從空間來說，在無間地獄裡，一人亦滿，多人亦滿，沒有一點多餘的空間，所以叫無間。

第三種業感因緣：一切讓他受苦的有情和刑具，如叉、棒、鷹、蛇、狼、犬、鐵網、鐵繩、鐵驢、鐵馬，還有碓、磨、鋸、鑿、剉、斫、鑊、湯，以及各種折磨的手段，如將生皮做的韁繩套在頭上，將熱鐵澆身、熱銅灌口等等；餓了，口嚐熱鐵丸；渴了，喝熱鐵汁。這樣刑具、刑法的折磨是不會斷的，是一直相連的，年復一年，劫復一劫，乃至那由他劫，不斷的來，輪番的來，所以叫無間。

第四種業感因緣：不管是男的、女的、什麼種族的、老幼貴賤、或是哪一道的眾生，只要造下五無間業的罪，都同樣得受這個苦，以「無區別」的因緣，所以叫無間。

第五種業感因緣：只要掉到這個地獄裡，從一開始經過百千劫甚至千萬億劫，無時無刻不在受這種萬死萬生。在受這個萬死萬生的苦時，即使希望在短短的一念間暫停一下，都不行。除非罪業消盡了，才能出離這個地獄，再去別處受生。這個一直的連綿不斷，從開始到結尾，沒有任何暫停和休止的受，以是因緣，名為無間。

地藏菩薩告訴摩耶夫人說，我簡簡單單的，大致說了一下無間地獄的情況。如果您要我講所有地獄裡面所受的罪苦，還有讓人受罪受苦的那些刑具、用刑的方法，那麼就是一直講，講一劫，也講不完。

摩耶夫人聽了以後，心裡非常憂愁，非常難過，雙手合掌頂禮地藏菩薩而退。

閻浮眾生業感品第四

那時，地藏菩薩摩訶薩對佛表白說：世尊，因為我秉承諸佛如來的威神力，在無量劫中，能夠在遍滿百千萬億的世界，示現無量的分身，救拔一切業報眾生。如果不是因為如來威神力和大慈悲力的加持，那我就沒有辦法示現這麼多的神通變化，也不能有這麼大的能量來作這件事。我現在又承蒙釋迦牟尼佛您的付囑，從現在起一直到彌勒菩薩示現成佛時，要使所有六道的罪苦眾生全都解脫。如世尊您的付囑，我必會如實執行。請世尊您不要再有擔憂顧慮。

於是，佛陀就再進一步交待地藏菩薩說：一切還沒解脫的眾生，因為他們心意識所指引的方向還沒確定，所以心中善惡的兩股力量一直在交戰。如果自心習慣於攀緣邪惡的話，就會傾向集結惡業，就會造種種惡；如果自心習慣於攀緣善良的話，就會造種種善業，得種種善果，都是跟著客觀環境轉，也就是跟著共業場去為善或為惡。

所以，一切眾生就這樣在人、天和下三趣之間一直輪迴，從沒停過。只要起心動念，都在無明行中，以致於經歷了微塵數那麼多的劫數，不斷地輪轉於五道，從無明生到老病死苦終，無量的生死，總在經歷著由於業障所造成的患難。這整個局面，就好像困在魚網中的魚，在那長長的河流裡，才掙脫了一張魚網，又掉進了另一張魚網。所謂的掙脫，也只是暫時的，逃出一網又入一網。像這樣的眾生，就是我一心所憂念的。不過，你既然要完成累劫以來所發的深誓大願，必定會去廣泛救度這些罪苦眾生。因此，我就不需要再擔心了。

正在這麼說的時候，法會裡有位名叫定自在王的大菩薩，對佛表白說：世尊！地藏菩薩累劫以來都發了什麼樣的願？所以今天才承蒙世尊您如此不斷地、大力地讚美、感歎，請世尊跟我們大致地開示一下。

那時，世尊就告訴定自在王菩薩說：好好地注意聽！聽清楚了！再好好地去深心思惟這當中的真實義。那我現在就為你一個個的解說。

在過去無量的不可說劫裡，有佛出世，佛號「一切智成就如來」，他具足如來的十種功德：應供、正遍知、明行足、善逝、世間解、無上士、調御丈夫、天人師、佛、世尊。此佛示現由受生到入涅槃，歷經六萬劫。

一切智成就如來還沒出家修道以前，是位小國的國王，他與鄰國的國王互為好友，共同信受奉行十善法戒，並用十善戒法教化天下，饒益眾生。可是他們的鄰國中，那裡所有的人民，多在造種種的惡。

所以，兩位國王商議並訂下了決策，要廣設方便來救拔鄰國的惡業眾生。一位國王發願說：「我要儘早證得佛果，然後度盡這些罪苦眾生。」另外一位國王說：「我要是不能把那些受罪苦的眾生，先度到究竟安樂之處，並證得佛智的話，我終究不願意成佛。」

佛就告訴定自在王菩薩說：那位發願早成佛道的國王，就是一切智成就如來。另外那位發願要永生永世救度那些罪苦眾生，若未達誓願，絕不成佛的國王，就是地藏菩薩的前身。

世尊繼續說：還有，在過去無量的時間裡，有佛出世，號清淨蓮華目如來，佛壽四十劫。

在清淨蓮華目如來示滅後的像法時期，有一位阿羅漢，以他的智慧功德，依根、依次第，教導、普度眾生。這個阿羅漢在乞食的時候，遇到了一個女人，名叫光目，施食供養他。

他問光目女說：「妳有什麼願望呢？」

光目女回答說：「自母親死的那天開始，我就用錢財布施供養三寶，希望能廣開福田，救拔我母親。可是不知我母親現在受生到哪一道去了？」

羅漢悲愍她，就入正定，在正觀察中，見到光目女的母親，墮在三惡趣，受很大的苦。

於是，他出定後，就問光目女說：「妳母親生前造了什麼業？怎麼今天會墮在惡趣，受這麼大的苦？」

光目女回答說：「我母親生前最喜歡吃活魚、活鱉，還特別愛吃牠們的卵，或炒或煮，用各種方法來烹調，放逸其心地大吃。所以，她每殺一隻鱉，每殺一條魚，所傷害的性命超過了那魚、鱉的千萬倍。尊者啊！請您慈悲哀愍我，我該如何做才能救她呢？」

羅漢悲愍光目女，為她找到一個方便法門，勸導她說：「妳發願誠心憶念清淨蓮華目如來的名號和功德，同時雕塑、繪畫他的形像，這麼做，對生者和死者都會有惠利的果報。」

光目女聽了以後，就把她喜愛的財物珍寶變賣，統統拿來彩畫佛像，並設供養。同時，用最大的恭敬心在佛前，悲愍地哭泣著，並瞻仰禮敬如來的像。

結果，在夜裡，光目女夢見清淨蓮華目如來。如來身形金光晃耀，好比須彌山形般，放大光明。並告訴光目女說：「再過不久，妳母親就會在妳家出生，新生兒只要一感到冷熱或肚子餓，就能開口說話了。」

不久，家裏有個婢女生了個孩子，不到三天就開始說話了。他悲哀痛苦地頂禮，哭著告訴光目女說：「我和世人都不斷在造生死惡業，不管是誰都得自己去承受這個果報。我就是妳死去的母親，我在很黑暗的地獄待得太久了。自從跟妳別離後，就一再墮入大地獄。幸好妳供養如來、供養羅漢，我才能從地獄裡拔出來受生為人。但以餘業餘報未消故，受生得非常下賤，而且短命，十三歲就會死掉，死後還得再輪迴到三惡道去。妳有什麼辦法，能幫我免除這些苦而解脫呢？」

光目女聽了之後，確認這就是她母親而無有疑惑。她悲哀抽泣地跟婢女的孩子說：

「你既然是我的母親，就應當知道你在生為人時，犯了什麼樣的根本大罪，造了什麼樣的惡業，才會墮於三惡趣？」

婢女的孩子說：「我造的罪是殺害和毀罵，以這兩大惡業，現正在為此惡而受果報。如果不是蒙妳歸依、供養三寶的福力，把我從地獄中救拔出來的話，那我一定還在大地獄裡受惡果報，根本解脫不了。」

光目女又問：「妳能不能跟我詳細的講一下，妳在地獄所受的果報是怎麼樣的呢？」

婢女的孩子說：「唉！這些因罪受苦的事兒，我真的不忍再去回顧、描述。要說的話，百千歲中終究也說不完。」

光目女聽了後，傷心地悲啼嚎泣，然後對著空中表白說：「希望我母親永遠脫離地獄，希望在她十三歲命終時，能把所有重罪統統消滅，永不再去經歷三惡道。十方諸佛，懇請您們以大慈悲心哀愍我，來印可我為救母所發的大誓願──

如果，能讓我母親永離三惡趣，而且在未來的永生永世裡，決不再受生作下賤人及女人身的話，那麼，我就要在清淨蓮華目如來的聖像前發這樣的大誓願──在今後百千萬億劫中，把所有世界裡的地獄，跟三惡道的罪苦眾生，統統救拔出來，讓他們離開地獄、畜生、餓鬼三惡道。等他們都歸依三寶，修學佛道，全部都成了佛以後，我才成佛。」

當她發了如是的深誓弘願後，清楚完整的得到清淨蓮華目如來的相應，告訴她說：「光目女啊！妳有這麼大的慈悲哀愍心，能這麼好的為母親發這樣的大願。我以佛眼觀之，能看到妳母親在十三歲命終以後，就捨盡所有的罪業惡報，受生為修行人，活一百歲。等命終後，再受生到無憂佛國，壽命長達無量劫。最後，終於成就佛果，廣度人、天兩道，所度之數有恒河沙那麼多。」

佛陀就告訴定自在王菩薩說：那個時候的羅漢，用智慧功德去救度光目女的，就是現在在座的無盡意菩薩。光目女的母親，就是今天的解脫菩薩。光目女就是地藏菩薩。從過去的久遠劫來，他就是用這樣的慈悲哀愍，發起像恆河沙數那麼無量、那麼長遠的大願，來廣度一切罪苦眾生。

佛陀告訴定自在王菩薩說：在未來的時空裡，如果有不行善乃至專行惡的男子或女人，甚至連因果都不信的，或者邪淫、妄語的，或者兩舌、惡口的，或者毀謗大乘的……這些惡業眾生，他們必將墮入惡趣。但這些眾生如果遇到了善知識，引導他立刻歸依上地藏菩薩的深誓大願加持力，就能從必將墮入三惡趣的果報中解脫出來。

如果還能專心一意地回歸依止地藏菩薩，並恭敬作禮、瞻仰讚歎，還用香、花、衣服、種種珍寶或飲食來供養。凡是能如是信受奉持的人，在未來百千萬億劫中，就能常常受生為天人，享受各種勝妙快樂。如果在天道福報已盡，命終後也不會墮入惡趣，還能受生為人。在百千劫中，常為人間的領袖，有「善觀察因果報智」，慧眼已開，能識宿命，了見自己從何而來、將往何去的因果、本末。

定自在王菩薩啊！地藏菩薩有這樣不可思議的大威神力，能如是廣泛地去惠利眾生。你和你們這些菩薩，都要把這部經定為在將來廣泛宣達、流傳布施的經典。

定自在王菩薩對佛說：世尊！您不要再為此費心了。我們這些千萬億的大菩薩們，必定會承蒙您的威神力，廣泛地演說這部經典，來利益閻浮提眾生。

定自在王菩薩跟佛稟明志願後，合掌恭敬，作禮而退。

那時，四天王都從座位上站起來，合掌恭敬向佛行禮，對佛表白說：世尊啊！地藏菩薩從久遠劫以來，發了那麼大的誓願，怎麼到今天還沒度完眾生，還要再重新發起大願？請世尊為我們開示。

佛陀對四天王說：問得好啊！問得好啊！為了能廣泛利益一切眾生，我現在就為你們，還有未來、現在的所有人、天兩道眾生，講講在娑婆世界閻浮提內的生死道中，地藏菩薩是怎樣慈悲哀憫地去救拔度脫一切罪苦眾生，還有，他又是用什麼樣的方便來度眾的。

四位天王說：如世尊您所教誨的，我們都很高興地願意聽世尊您的開示。

佛陀告訴四天王：地藏菩薩從久遠劫以來，一直到現在，度化解脫一切罪苦眾生的願還沒完，那是因為慈愍此世還有那麼多仍在造罪受苦的眾生。又再觀察未來世的無量劫中，一切眾生還是在不斷造業受報，不斷在惡趣中輪迴。好比只要有種子一種下地，枝蔓必定叢生不斷，所以地藏菩薩又再不斷發深誓大願。因此，地藏菩薩繼續在娑婆世界閻浮提中，用百千萬億種方便，來度化教導一切罪苦眾生。

四天王啊！地藏菩薩是用以下的因緣果報，方便善巧地來度化惡業眾生的：

地藏菩薩若碰到有人去殺人、殺己、殺任何生命的話，就開導示現：「以殺生為因，必遭短命、多病、多災難的果報」。

地藏菩薩若碰到有人偷竊盜取，就開導示現：「以竊盜為因，必得貧窮、苦楚的果報」。

地藏菩薩若碰到造邪淫惡業的人，就開導示現：「造邪淫的惡業，必得受生為雀、鴿、鴛鴦之類的果報」。

地藏菩薩若遇到有人以毒惡的語言去傷人時，就開導示現：「以此惡口之業為因，必得眷屬爭鬥，家中雞犬不寧的果報」。

地藏菩薩若遇到造毀謗惡業的人，就開導示現：「以造毀謗業為因，必得無舌或嘴裡長惡瘡的果報」。

地藏菩薩若遇到常起瞋恨憤怒的人，就開導示現：「以瞋恚為因，必得醜陋、駝背、身體殘缺的果報」。

地藏菩薩若遇到造慳吝惡業的人，就開導示現：「以慳吝惡業為因，必得凡有所求必不如願的果報」。

地藏菩薩若遇到暴飲暴食或挑飲挑食的人，就開導示現：「以飲食無度的惡因，必得吃不著、嚥不下、喝不了或咽喉生病的果報」。

地藏菩薩若遇到恣情放逸打獵的人，就開導示現：「凡是放逸的於田野中，以射殺、捕捉畜生為樂，造了這樣的惡業，必得隨時怕死、死時驚狂迷亂的果報」。

地藏菩薩若遇到悖逆父母的人，就開導示現：「造了悖逆父母的惡業，必定會遭到死於自然災害或意外的果報」。

地藏菩薩若遇到燒山林木的人，就開導示現：「如是惡行，就必得驚惶失措而死的果報。」

地藏菩薩若遇到對親生子女或養子、養女施予殘暴的父母，就開導示現：「以此惡行，在來生時，必將受到被鞭打的果報」。

地藏菩薩若遇到去網捕剛生下的小動物的人，就開導示現：「以網捕生雛之惡業為因，必得受到自己骨肉分離的苦果報」。

地藏菩薩若遇到毀謗三寶的人，就開導示現：「以毀謗三寶為因，將來必得盲、聾、瘖、啞的果報」。

地藏菩薩若遇到輕毀正法，對佛陀所宣達的教化，起憍慢之心的人，就開導示現：「以輕法慢教為因，必得永處惡道的果報」。

地藏菩薩若遇到有人破壞、佔用出家修行人日常所需，就開導示現：「以此惡業，必得無量劫輪迴在地獄裡的果報」。

地藏菩薩若遇到有人去污辱修行人或去誣陷出家人，就開導示現：「以如是惡因，必得永在畜生道的果報」。

地藏菩薩若遇到用熱水、熱油，或用刀、用斧來傷害生命的人，就開導示現：「以如是惡因，在輪迴中，必將受到同樣待遇的果報」。

地藏菩薩若遇到有人破壞、毀犯齋戒，就開導示現：「以此惡業為因，將來必得墮畜生道，常陷饑餓的果報」。

地藏菩薩若遇到無端端、沒有必要地就去毀壞、浪費物資的人，就開導示現：「以此惡業為因，必得求什麼就缺什麼，得不到幫助的果報」。

地藏菩薩若遇到認為自己的價值最高，樹立憍慢高幢的人，就開導示現：「以如是惡業為因，必得去擔任很卑微的工作，受人使喚，感到被人輕賤的果報」。

地藏菩薩若遇到好說離間語，專挑撥是非，企圖製造他人爭鬥的人，就開導示現：「以兩舌鬥亂的惡業為因，必得無舌、百舌的果報」。

地藏菩薩若遇到堅持邪見的人，就開導示現：「以堅持邪見的惡業為因，就必得受生邊地的果報」。

最後，世尊總結說：我代表地藏菩薩開示閻浮提罪苦眾生，造身、口、意三業而受惡果的因果關係。這些造惡的業力習性，讓眾生能得百千種種果報，今天只粗略地跟各位說說。

同時，閻浮提罪苦眾生以其造業不同，所召感來的果報也不同。地藏菩薩就是用種種百千套因果關係為方便，直接教化這些罪苦眾生。

這些眾生，先要直接受到剛才說的那些果報，然後還要墮到地獄裡再去受報，即使經過無量劫的時間，都很難解脫出來。

所以，四天王啊！你們的責任是護人、護國，不要讓這些正在承受惡果報的眾生，墮入惑、業、苦的惡性循環。你們當依這些因緣果報法來開解他們。

四天王聽了佛的開示後，深心領受，涕淚悲嘆，合掌恭敬，作禮而退。

地獄名號品第五

那時，普賢菩薩摩訶薩對地藏菩薩說：仁者！請您為天眾、阿修羅眾、四眾弟子的比丘、比丘尼、優婆塞、優婆夷，還有現在以及未來無窮世的一切眾生，來解說一下這娑婆世界裡面，特別是以造罪、造惡而受大苦的閻浮提眾生，他們所受到的果報和報應的地方，也就是地獄的名號，還有在這些地獄裡，是怎麼的受苦，使未來世末法時期的眾生知道這樣的果報，而能心生怖畏。

地藏菩薩回答：仁者！我現在承佛陀的威神力，還有您大菩薩的威神力，來大略的說一下這些地獄的名號，和大致犯什麼罪，得什麼報；作什麼惡，受什麼苦的情形。

仁者！閻浮提的東邊，有一座山叫鐵圍山，這個山又黑又深，太陽、月亮的光都照不到。在大鐵圍山裡面，有個大地獄，叫做極無間。

又有個大地獄，叫大無間。

還有地獄叫四角；還有地獄叫飛刀；還有地獄叫火箭；
還有地獄叫夾山；還有地獄叫通槍；還有地獄叫鐵車；
還有地獄叫鐵床；還有地獄叫鐵牛；還有地獄叫鐵衣；
還有地獄叫千刃；還有地獄叫鐵驢；還有地獄叫洋銅；
還有地獄叫抱柱；還有地獄叫流火；還有地獄叫耕舌；
還有地獄叫剉首；還有地獄叫燒腳；還有地獄叫啗眼；
還有地獄叫鐵丸；還有地獄叫諍論；還有地獄叫鐵鈇；
還有地獄叫多瞋。

地藏菩薩接著說：仁者！鐵圍山裡面有這麼多的地獄，要數的話，根本數不盡。另外還有——

叫喚地獄；拔舌地獄；糞尿地獄；銅鎖地獄；火象地獄；
火狗地獄；火馬地獄；火牛地獄；火山地獄；火石地獄；
火床地獄；火梁地獄；火鷹地獄；鋸牙地獄；剝皮地獄；
飲血地獄；燒手地獄；燒腳地獄；倒刺地獄；火屋地獄；

鐵屋地獄；火狼地獄。

這麼多的地獄裡面，還各有一個或兩個；三個或四個；甚至有的還有百千個小地獄，每個小地獄又各有各不同的名號。

地藏菩薩對普賢菩薩說：仁者！這麼多的地獄，都是因為南閻浮提眾生造諸種種惡業，所產生的惡業力召感來的。「業力召感」的力量非常猛利強大，高過須彌山，深過巨海，障住一切人親近供養歸依三寶的道路。所以說啊，眾生啊，千萬不要輕慢粗暴地對待小小的惡，不要以為小傷毀和小惡無罪，就不算數。現在不算，死後還是要算，因為死後有「報」，再小的惡即使一纖一毫都得自己受用。就算是父子間有那麼重的親情，關愛彼此，但死後各走各的路，即使再相逢，因為自顧不暇，也都各自沒轍，誰也不肯、誰也不能代對方受啊！我現在承蒙佛陀的大威神力的加持，略略開示地獄裡因造罪而受報的景象，所以希望您耐心聽我講下去。

普賢菩薩說：雖然您要講的這一些關於三惡趣的因緣果報，我都已經知道了，但是我希望您來解說的原因，是為了讓未來末法時期一切惡業深重的南閻浮提眾生，聽您所說，知道害怕，因此歸依佛。

於是地藏菩薩接著說：仁者！地獄罪報的大概情形是這樣的——

有的地獄是，把罪人的舌頭拉出來，讓牛來耕；

有的地獄是，把罪人的心挖出來，讓夜叉吃掉；

有的地獄是，充滿了煮開的水和燒滾油的大鍋，專門煮、炸罪人的身子；

有的地獄是，把銅柱燒紅，讓罪人抱；

有的地獄是，大火不停，追着罪人燒；

有的地獄是，永遠都是冰天雪地，無處可躲；

有的地獄是，屎尿充滿，罪人浸泡在其中；

有的地獄是，滿飛著帶尖刺的鐵鏃鏫；

有的地獄是，用一把把冒著火的刺矛，來刺罪人；

有的地獄是，一直撞胸打背，傷害身體；

有的地獄是，專門燒手燒腳；

有的地獄是，用熱鐵蛇，來盤住或緊絞罪人；

有的地獄是，用熾熱的鐵狗，來追逐罪人；

還有的地獄是，讓罪人騎在燒熱的鐵騾背上。

地藏菩薩說：仁者！如上所說的果報，在各各不同的地獄裡，各有百千種不同的懲罰傷害罪人的器械和刑具。這些器械和刑具，都是銅製的、鐵製的、石頭做的，還有就是火熱的，除了這四種性質外，沒有別的，這都是罪業眾生「業力召感」的結果。

最後地藏菩薩說：假如要我很詳細地解說地獄裡的罪報，每一個大小地獄裡，都各有百千種不同的痛苦和煎熬，何況還有那麼多的地獄！今天我是承佛威神力和您善巧的問法，才能粗略的說了說，如果要詳細地說，那麼用無量劫的時間，都說不完啊！

如來讚歎品第六

那時，世尊全身放大光明，普遍照亮百千萬億，像恒河沙數那麼多的佛世界。隨著大光明，發出大音聲，普遍向諸佛世界裡的一切大小菩薩、天人、龍、鬼、神、人和下三趣眾生發出了訊息：聽我今日在這個法會上，稱頌、發揚、讚美、感歎地藏菩薩摩訶薩在十方世界所示現不可思議的大威神力、大慈悲力，救護一切造業受罪苦的眾生。我釋迦牟尼佛在人間示現入涅槃以後，你們這些菩薩摩訶薩，還有天、龍、鬼、神等，聽了這部經之後，一定要想盡種種的方便，來保衛守護這部經，令一切眾生信受奉持，通過地藏菩薩的大願力加持，而證得涅槃之樂。

說完了這段話，法會裡有位菩薩，名叫普廣。雙手合掌，向佛陀敬禮，以極恭敬的態度向佛說：我今天在這個法會上，見到了世尊您，這樣讚美感歎地藏菩薩有那麼不可思議的大威神、大功德。我現在一心祈願世尊您，再為未來世末法時期的那些罪苦眾生，揭示、說明地藏菩薩除了救拔地獄、畜生、餓鬼三惡趣眾生以外，對於人道與天道有什麼惠利呢？人、天兩道眾生必須造什麼善因，才能得到地藏菩薩大威神德惠利的善果呢？請您讓所有天龍八部，以及未來世末法時期的所有眾生，都能恭敬信受佛的開解。

那時候，世尊就跟普廣菩薩以及法會上的四眾弟子說：你們好好聽啊！好好聽啊！我現在要為你們，簡單地談一談，地藏菩薩是如何去惠利人、天兩道眾生？是以什麼樣的大福德來加持他們？

普廣趕快應道：是！世尊！這就是我急於歡喜想聽的事。

釋迦牟尼佛就對普廣菩薩說：未來的那個末法時期裡，如果有善男子、善女人，聽到地藏菩薩摩訶薩的名號後，或合掌、或讚歎、或頂禮、或戀慕，這個人就免除、消掉了過去三十劫的罪業。

再說，普廣啊！若有善男子、善女人，用色彩來畫地藏菩薩形像，或用泥土、石頭、膠、漆、金、銀、銅、鐵來製做地藏菩薩形像，對做出來的菩薩形像每瞻仰一下就禮敬一下，就能在一百個生死中，都受生在忉利天，絕對不會墮到惡道；就算忉利天的天福享盡了以後，下墮到人間時，還是受生人間高處做國王，保證不失掉大福利。

如果有女人厭棄這個女人身，盡心盡力、全心全意地去供養地藏菩薩的畫像，或者去供養用土、石、膠、漆、銅、鐵塑造的地藏菩薩像，每天這樣做從不間斷，還把鮮花、香、飲食、衣服、繪彩、高幢、旗幟、金錢以及寶物等，都拿來盡心供養。這個離惡就善的女人，答報完了今生的女人身，百千萬劫，她不會再受生到任何有女人的世界裡，何況再去受女人身呢！除非，她發了菩薩大慈悲的願力，要自願自覺的再以受生為女人身去度化眾生。這是因為她自己盡心供養的功德力，接引了地藏菩薩大誓願力的加持，使她在百千萬劫裡，不再受女人身。

再說啊，普廣！如果有女人，對自己長得醜陋、多病的身子，非常非常厭捨，他只要在地藏菩薩像前，全心全意地瞻仰禮敬，哪怕是一頓飯的工夫，這個女人千萬劫中，只要再受生為人，就都會生得相貌圓滿。如果這個醜陋的女人，不願厭捨女人身，那麼以後百千萬億生中，也常常能受生為豪貴的公主、王妃、大姓豪門的女兒、大長者女，全身上下都長得端正圓滿。這些都是因為全心全意瞻仰禮敬地藏菩薩所獲得的福報。

再說，普廣菩薩！假如有善男子、善女人，能夠在地藏菩薩像前獻歌、獻舞、獻樂，用香、鮮花來供養地藏菩薩，還歌詠讚歎地藏菩薩的功德，同時勸人都來這樣做，當然勸愈多的人愈好，不然，哪怕只勸一個人也好。這樣的人，在今世和未來世，都將得大福報，常常有百千鬼神，白天夜晚都來保衛守護他，不讓醜惡、殘暴的事情老是傳到他的耳朵，何況讓他親身去受到橫禍災殃的折磨呢？

普廣菩薩！再跟你講一件事。在未來的末法時期，如果有惡人，還有惡神、惡鬼，見到善男子、善女人在歸依、禮敬、供養、讚美、感歎、瞻仰、頂禮地藏菩薩形像的時候，或毫無根據地譏笑、譭謗這樣做是沒有功德、沒有利益的；或露齒取笑；或背後說他們的不是；或鼓動一個人說或很多人一起來說他們的不是；乃至於心裡起一個譏笑誹謗的惡念。這樣的人，就算這個賢劫有一千個佛，統統過去了，但是因為譏毀所得到的果報，使他一直還留在無間地獄裡面，遭受極慘重的罪和苦。

過了這個賢劫以後，這樣的為惡眾生才從無間地獄出來，受餓鬼身；再經過一千個劫，又受畜生身；再過一千劫，才到人道來受生。但縱使得了人身，還是受生為一個貧窮下賤的人，被人輕蔑、污辱、欺壓，而且眼耳鼻舌身意等六根不完備，殘缺、愚蠢，同時他的心很容易被過去惡業影響，起惡念去召感惡，而使自心更加惡，不斷造身口意三惡業，過不了多久，又再墮回惡道去了。

所以說，普廣菩薩！去譏毀別人供養地藏菩薩形像，就會得到這樣子的惡果報，何況還造作其他邪惡的見解來譭謗、污蔑呢？

又，普廣菩薩！在未來的末法時期，如果有男人或女人，久病在床，輾轉枕席之間，求生不得、求死不能的時候，或許夜裡會夢到惡鬼和死掉的親人來找他；或者是經歷一些凶惡危險的境界；或常夢見被鬼所逼，押解到地獄見種種的慘狀；最後在病榻上拖得太久，變成癱瘓癆消，在睡眠之中叫苦，慘淒不樂。這些都是因為病人心中害怕，不知去處，所以還要掙扎辯解，使得惡業輕重不能決定而出現的纏綿病榻的苦相，以至於有的不肯撒手，有的想治也治不好。一般男女，以世俗的智慧，因為不知一切眾生造業受報必然的因緣果報，不能體會他們的苦，沒有辦法了解和解釋發生在病人身上的種種現象。

這時，只要在佛、菩薩像前，為病人大聲的讀誦一遍這部經，或者拿病人最寶愛的東西，或拿病人的衣服、珍寶、莊園、房子等財產，當著病人面前大聲地說：「我某某人，為了這個病人的緣故，現在對著《地藏本願經》和佛、菩薩像前，幫他把這些財物布施出去，或者用來供養經、像；或者塑造佛菩薩形像；或者建造諸佛舍利塔和寺院；或者燃長明燈；或者布施供養僧團。」如是對病人說三次，一定要讓他聽到。假如他已經心識渙散，聽不到，沒有反應，或已經死了，甚至在死後一、二、三、四天到七天內，都沒有關係，還是大聲對他說，大聲對他讀經。這個人死後，本來累積下來的災難和沉重的罪業，甚至是五無間罪業，都能永遠得到解脫，能受生做三寶的弟子，常知宿命。

更何況能受持十善法戒的男子、女人，能夠自己抄寫這部經，也勸大家都抄寫這部經；自己雕塑、繪畫菩薩形像，也勸大家都雕塑、繪畫菩薩形像，他自己也必將獲得廣大惠利的果報。所以，普廣菩薩！如果你見到有人讀誦《地藏本願經》，甚至只要一念讚揚、感歎此經，或恭敬供養此經的人，你就必須以百千種方便勸告他們，叫他們勤加精進，修習此經不退，就能在未來和現在，得到千萬億數不清的功德。

還有，普廣菩薩啊！在未來的末法時期，如果有人在睡覺或做夢的時候，見到諸鬼神，甚至其他形像的眾生現出或悲哀、或哭泣、或愁苦、或嘆息、或恐怖、或可怕的樣子，這都是這個人這一生、過去十生、乃至過去百生、千生的父母、兄弟、姐妹、夫妻和眷屬。他們目前還陷在三惡趣中，沒有解脫，但又沒有足夠的福德和善根力可以被救拔出來。這時，活著的親人就應該告訴這些累世過去的親眷，一定要依如來的種種善巧方便，發願出離惡道。

普廣菩薩！你要用你的神通力，告訴那些活著的眷屬，叫他們在諸佛菩薩像前，專心讀誦《地藏本願經》；自己不能讀的話，就要請別人替他讀，至少要讀三到七遍。讀完後，宿世眷屬就可以解脫，出離惡道。這時活著的親人，就永遠不會在睡夢中再見到這些形像了。

還有，普廣菩薩啊！在未來的末法時期，有很多人生來就是卑下、輕賤的，有的當奴隸、丫環，還有很多因種種原因失去自由的人（例如囚徒、勞改犯、流放犯、暫時賣身做無償勞役的人），如果知道是因為過去自己造了惡業，今生才得到下賤、不自由的果報，而想要慚愧懺悔，消掉舊業，就要他們全心全意地瞻仰禮拜地藏菩薩的形像；甚至在七天之內，要念滿一萬遍地藏菩薩的名號。那麼這些下賤、不自由的人，依地藏菩薩的大願加持力，在命終之後，再去受生的千萬生中，會受生得很尊貴，再不會墮到三惡道中受大苦。

還有，普廣菩薩！在未來的末法時期，閻浮提內，有剎利種姓的人、婆羅門種姓的人、豪貴的人、在家的三寶弟子、一切的人、以及不同種族的人，凡是有新生的嬰兒，不論男女，在出生七天之內，儘早為他們讀誦這本不可思議的經典，並為他們念一萬遍地藏菩薩的名號。這個嬰兒，不管是男、是女，若今世是以惡業來受生，必要得惡報的，就可以從這個惡報中解脫—原來多病的，現在會少病；原來多災的，現在少災，平安快樂、容易養大；原來短命的，壽命會增長。如果本來就是以先世的福業而受生的話，就會更加平安快樂，壽命更長。

還有，普廣菩薩啊！在未來的末法時期，眾生在陰曆每個月的初一、初八、十四、十五、十八、二十三、二十四、二十八、二十九、三十日等十天裡，因為罪業的集結，特別容易犯罪，過去罪業的果報很容易現前，而出現或輕或重的惡果。此土南閻浮提眾生，舉止動念都是惡業、都是罪業，何況還放縱的犯殺、盜、淫、妄四重禁戒，算起來有千百條罪狀，數都數不清啊！所以如果能在這十天裡持齋戒，對著佛、菩薩或是阿羅漢的聖像，讀誦一遍這部經，那麼，在住家東南西北方四千里內都不會有災難發生；家中的老少，從現在到百千歲，都不會墮入三惡趣裡。要是能在十齋日內，每天都高聲轉讀一遍這部經，今生家裡所有的人，都沒有橫禍、疾病，衣食豐溢。

所以啊，普廣菩薩！你要知道地藏菩薩就是有這麼大、不可說、百千萬億的大威神力，以他的加持力，來利益南閻浮提的一切眾生。閻浮提的眾生和地藏菩薩是有特殊的大因緣。因此這些眾生要是聽到地藏菩薩的名字，看到地藏菩薩的像，或聽到《地藏本願經》，即使只聽到三、五個字，或一句偈、一句經文，只要聽進去了，今生就能活在殊勝安隱快樂的境界，死了以後百千萬次受生，都長得端正，常生在豪貴之家。

那時，普廣菩薩聽完釋迦牟尼佛稱頌、宣揚、讚美、感歎地藏菩薩後，就偏袒右肩，雙掌合什，右膝著地，再對佛說：世尊哪！我早已知道地藏菩薩摩訶薩，有這樣不可思議的大威神力和大誓願力。我為了要讓未來末法時期的罪苦眾生，知道地藏菩薩的大威神力和大誓願力能帶給他們的惠利，所以特意向如來問法，請如來開示。對於世尊所付囑我的工作，我會一心一意地頂戴承擔起來。世尊啊！應當把這部經典定做什麼名字？我應當怎麼去廣為流通布施這部經呢？

佛陀就告訴普廣菩薩說：這部經有三個名字，可以叫《地藏本願經》；也可以叫《地藏本行經》；也可以叫《地藏本誓力經》。根據地藏菩薩久遠劫來，發了深誓大願要去利益一切眾生，所以你們也要發和地藏菩薩一樣的深誓大願，依這個願力來流通、布施這部經典。

普廣菩薩聽完了以後，合掌恭敬，作禮而退。

利益存亡品第七

那時，地藏菩薩摩訶薩對佛說：世尊，我觀察閻浮提一切眾生的心念，一開啟、一發動，召感來的全然是罪；好不容易依諸佛菩薩的加持力，離了一點惡，暫時得到從罪業中逃脫出來的惠利，一下子就又被這個召感罪業的業力習性，把原來發願要離惡就善的心給斲喪了；何況碰到惡緣，就會立刻思量惡事，念念分別，念念相續，使惡緣增上。

這樣剛強難化的習惡罪苦眾生，像走在一灘厚厚的淤泥裡，不僅舉步艱難，背上還像揹著很重的擔子，愈走愈焦燥，體力就愈不能支持，也感到背上的擔子愈來愈沉重，就這樣一步一步的陷入深幽黑暗的地獄去了。這時，如果遇到善知識，願意向他求救，請求幫著減輕一部分負擔，或者幫忙把負擔全部拿掉。因為這個善知識有真正的大威神力，能夠一再扶助他們，勸導他們站穩腳步，把他們帶到平坦的道路上去。假如上了平坦道，就必須要反省以前是怎麼走上惡路去的。於此深自呵責，並發願絕對不要再重覆那痛苦罪惡的經驗了。

世尊哪，這些閻浮提眾生，被習惡的業果報所造成的業力習性驅使，可以從一點點極微細的惡開始，一下子就發展到無量的惡。因為這些眾生有這樣習惡的業力習性，所以在臨死時，他的父母、妻子、兄弟、姐妹、兒女、眷屬等，應當為他準備「上路」的資糧，幫助他以「福」來答「報」即將走上的死亡之旅。

這時，可以高掛讚美佛陀榮譽的旗幟和傘蓋，點燃象徵佛智的長明燈；或為臨終者，高聲讀誦佛陀的經典，恭敬供養佛陀的聖像和諸菩薩的聖像；甚至念佛、菩薩及辟支佛的名字和功德。要把每一個佛、菩薩、辟支佛的名字和功德稱號，傳誦到臨終者的耳朵裡，即使他的耳根已閉，仍可靠他的心意識來感受。

這些臨終的眾生，前世和今生都造了很多惡業，如果從他所造惡業的因緣來看，就能知道他所召感的客觀世界，必定是三惡趣，但是因為他的眷屬為他作了上述佛事，種下了佛種，所以無量的重罪，都將於未來全部銷滅。

要想作得更好的話，可在死後四十九天之內，廣泛的為死者去作一切佛事，這樣死者就能永遠不墮惡趣，能受生人、天，享受妙樂。同時，為他作佛事的眷屬，也可以得到無量的惠利。

地藏菩薩接著對佛說：所以我今天在世尊您和天龍八部、人、非人等的面前，勸告閻浮提的眾生：不要為臨終者或命終的人再造下殺害和其他惡緣，例如屠害牲畜、殺雞宰羊、拜祭鬼神或向精靈求助。為什麼呢？不管殺什麼，也不管拜什麼鬼神，都是惡緣，對死者沒有一絲一毫的幫助，也不會帶給死者任何惠利，只會糾結更多罪苦的因緣，使死者本有的三惡趣罪業，變得更加深重。

如果現在或未來世的人，死後本來可以受生為人或生天去享受殊勝神妙的快樂，可是因為臨終時，眷屬為他拜祭鬼神、造下殺業，種下如是惡因，使他的中陰身就要一次又一次去抵制和答辯這些殃禍，而耽誤了受生善處的時間。何況很多將死的人，生前並沒有什麼善根，也沒造什麼善業，本來就是要根據所造的惡業，奔向惡趣，結果在路上還要被眷屬為他造下的惡業加重罪擔，讓他和更多的惡緣糾纏，真是於心何忍？

這就好比一個人走了很遠的路，三天都沒有吃飯，背上還揹著超過一百斤的重擔，已經是不勝負荷了，這時遇到旁邊的人，又給他背上加了一些東西，不論這東西有多輕，對這個行路人來說，都是百上加斤，讓他舉步更加艱難，更加困乏無奈。

地藏菩薩總結說：世尊哪！我觀察閻浮提的眾生，只要在諸佛的教誨下去做善事，哪怕只是一點點善事，小到像一根毛、一滴水、一粒沙、一顆塵那樣，都一定會有利益的，而且這個利益全歸他自己擁有，別人是拿不走，也沒有辦法破壞的。

這時，如來法會裡有一位長者，名字叫大辯。

這位長者，是大菩薩，因為早已經證得「無生法忍」，隨時都在化解救度十方一切眾生，在這個法會上，示現長者身來方便度化。他雙手合什向地藏菩薩作禮說：菩薩摩訶薩呀，南閻浮提的這些罪苦眾生死了以後，他的小大眷屬，為他作了各種功德，甚至設齋，以食物布施供養佛與僧，並根據諸佛教誨作種種善事，種下佛種，令佛種增長。這樣作，能使死者得到很大的利益和解脫嗎？

地藏菩薩回答說：長者啊！我今為未來、現在所有的眾生，在佛陀威神力的加持下，簡單扼要地回答你的問題。

長者啊！無窮的未來和現在的眾生，如果他們在臨死之時，能聽到一位佛、一位菩薩、乃至一位辟支佛的名號，不論他們有罪或無罪，全部都能得到解脫。

地藏菩薩接著說：假如有男子、女人，活著的時候雖然不作佛事、不種善因，反而常常造很多罪業。在他死後，家中不同身份地位的親友眷屬，為他作佛事，替他修造福田和惠利，這些佛事的惠利和功德，如果分成七份，死者可得一份，為死者作佛事的眷屬可得六份。

所以我勸現在和未來的一切善男子、善女人，你們是已經種了善因的，在聽了正法以後，更要自動自發地努力依照此經修習，這樣在諸佛教誨中所作的每一件善事的善果報，全部由自己獲得。

地藏菩薩又說：無常大鬼以大摧毀力，突如其來地把我們認為堅實的東西，變成了夢幻泡影。這種傷害和摧毀，是無法預期的，來了以後，使我們的中陰身無所適從。

這個遊盪、漂浮於黑暗中的中陰身，對未來的命運完全不能預見，搞不清楚將受到的是罪報？還是福報？所以在死後的四十九天內，多半現出如癡、如聾、昏昏噩噩、不知去處的惶恐、迷惘、錯亂的樣子。

在還沒有按照業績審定前，中陰身在所管轄囚閉的地方，或是三惡趣、或是各大小地獄、或是無間地獄的門口喋喋不休、掙扎辯論，已經飽受千萬愁苦，何況等審定以後，依所造的業，知道抵抗不住，非進入三惡趣或地獄裡，那就更苦了。

所以死者在還沒有固定地方去受生的四十九天內，每一念都希望他的骨肉親人、眷屬朋友，能幫他修造一點福田和善力，不要讓他墮入惡趣。但是過了四十九天，去處已定，就要隨業受生。受生後，就和前世斷絕，不復記憶了。

像這樣的罪人，因為深重的罪業繼續轉化，將不斷地在千百歲中，經歷他所召感來的種種苦和傷毀，不得解脫。如果是造了五無間罪的人，就要墮大地獄，經歷千劫萬劫的各種苦，都沒有希望得到解脫。

還有，大辯長者啊！這些罪業深重、受大苦的眾生死後，他的親友眷屬用食施的方法，修造福田善業，幫他湊集上路的資糧。從開始到整個過程沒有結束之前，或者在準備飲食的過程中，連淘米水，檢剩下來的敗菜葉子，都不要滿地亂丟，乃至準備好的食物，在供養佛和僧之前，自己都不得先吃。如果輕率地對待，違背了供食的規矩和戒律，不能專心一致奉獻佛、僧，那麼雖想替死者修福田，準備資糧，卻得不到預期的效果。如果整個過程中能專心一致守護自己奉獻佛、僧的清淨心，那麼死者在七份福田惠利中，能得一份，營作食施的眷屬，可得六份。

以是因緣，長者啊！這些閻浮提眾生，如果願意在他們的父母乃至親戚、朋友死後，專心誠意、勤懇地用食施的辦法來供養佛與僧，作佛事，這樣使死者、生者都獲大惠利。

這時，無量那由他數從閻浮提來到忉利天的鬼神和天龍八部，因為聽了大辯長者的問法和地藏菩薩的回應，都受到感動和激發，發起無量菩提之心。於是，大辯長者向地藏菩薩作禮，退了下去。

閻羅王眾讚歎品第八

那時，在三重業海中，大鐵圍山內的十八大地獄處，來了很多鬼王，數不清其數，他們都在閻羅王的率領下，一起到了忉利天，來到佛前參加這次法會。

這些鬼王的名字如下：

惡毒鬼王、多惡鬼王、大諍鬼王、白虎鬼王、血虎鬼王、赤虎鬼王、散殃鬼王、飛身鬼王、電光鬼王、狼牙鬼王、千眼鬼王、噉獸鬼王、負石鬼王、主耗鬼王、主禍鬼王、主食鬼王、主財鬼王、主畜鬼王、主禽鬼王、主獸鬼王、主魅鬼王、主產鬼王、主命鬼王、主疾鬼王、主險鬼王、三目鬼王、四目鬼王、五目鬼王、祁利失王、大祁利失王、祁利叉王、大祁利叉王、阿那吒王、大阿那吒王。這些大鬼王們各自率領屬下的百千小鬼王及小鬼，都住在南閻浮提，各有各的分工和職責。

這些鬼王們和閻羅天子，仰承佛陀大威神力和地藏菩薩摩訶薩的大願加持力，都趕

來忉利天，站立一旁，準備聽法。

那時候，閻羅天子，偏袒右肩，右膝著地，合掌恭敬向佛陀敬禮而表白說：世尊啊，我今天帶着大小眾鬼王，是承您威神力和地藏菩薩大願神通力的加持，以這些善力的加持和祝福，才能一起來參加您忉利天的大法會。現在我心中還有一些小疑惑，想請問世尊，願您為我們慈悲開示。

佛陀就跟閻羅天子說：你隨便問吧，我一定好好地為你解說。

這時，閻羅天子瞻仰頂禮世尊，並回過頭來看地藏菩薩，隨即說道：世尊！我認為偉大的地藏菩薩，在眾生六道輪迴中，施設了無量的善巧方便。為了救度這些罪惡深重、苦難慘重的有情，他從來不知道疲倦，連最辛苦的事，都不會推辭。這位大菩薩，有如是不可思議的大神通力，能度罪苦眾生。可是閻浮提這些眾生，好不容易從罪苦中跳脫出來，沒多久，又跌回惡道去了。

世尊啊，地藏菩薩既然有這麼不可思議的神通力，為什麼這些閻浮提有情，偏偏就不肯依止善道，得到永遠的解脫，這是怎麼回事？懇請世尊您慈悲為我開解說明。

佛陀就開解閻羅天子說：南閻浮提眾生的性情，特別剛強難化，很難調順、降伏。

你看地藏菩薩在百千劫中，一個接著一個，連續地、不停地去救拔，希望他們能早一點解脫。

這些罪業深重的眾生，甚至於墮在餓鬼地獄、畜生地獄或大小地獄，受著苦報，地藏菩薩無不以善巧方便的大神通力，將他們拔出「罪與罰」的根本業緣。然後再帶他們從惡的源頭看起，讓他們明白宿世業力的果因相續全部的過程。但是南閻浮提的眾生有嚴重的習性去攀緣、召感惡，愈召愈惡，愈惡就愈苦。即使很艱難地脫離苦海，慣性又把他們拉了回去。這樣就辛苦了地藏菩薩，久遠劫來還在作救拔的工作。

有如一個人走迷了路，找不到家門，錯誤地走上了險道，把險道看成是歸途。在險惡道上，到處都是夜叉、虎、狼、獅子等猛獸，以及蚖、蛇、蝮、蠍等毒惡的東西。眼看這個迷了路、走在險惡道上的人，瞬間就要遭到這些毒惡東西的攻擊。

有一位善知識，他有大學問、大本領、大能力，善於制止並能降伏這些夜叉以及造惡散毒的東西。他正好碰上要走進險道的迷路人，於是就對這個人說：「唉呀！你這個人在幹什麼事呀？為什麼跑到這條路上來？你自以為有本領能夠對付這些毒和惡？」那個迷路的人聽到這些話，才突然知道自己在險惡道上，立刻停了下來，不敢再往下走，就求善知識帶他出去。

這個善知識就拉著他的手，把他帶出了這條險惡道，使他免於受到惡毒的侵犯和傷毀，走上了平坦安詳的路，踏上了真正的歸途，使他可以回到家中，得享安樂。這時，善知識再度告訴他：「哎呀！你這意識昏迷的人哪！有了這次恐怖經驗後，再也不要踏上這條險惡的路了。走上這條道的人，終究是出不來的，還會被種種惡毒攻擊而喪命。」迷路的人聽了這番話，心生深重的感激。

在兩人分手之前，善知識又再度交待、叮嚀說：「你以後碰到親戚、朋友或不認識的行路人，不管是男或女，就要勸告他們，這條路上充滿了至毒至惡，走上去必定喪命，不要讓他們再像你一樣，糊里糊塗地自己去找死。」

如來講完這個譬喻，就對閻羅天子說：你看，地藏菩薩就是這個善知識，他有大慈悲力和大神通力，能夠救拔這些迷了路的罪苦眾生，讓他們脫離毒惡的險路，離開下三趣，得生人、天高處，受到殊勝微妙的快樂和幸福。

這些被救拔的罪苦眾生，真正地知道了這條險惡道，就是自己造作惡業召感出來的道路，裡面充滿了毒惡的傷毀和苦。這樣，在他們解脫出離之後，就永遠不會再走回這條路上去。

就好像剛才譬喻中所說那個迷路的人，他雖然錯誤的把險惡道當成了回家的路，但他碰到慈悲、智慧、有大能力、大本領、大學問的善知識，拉著他的手，把他帶出險惡道，走上了回家的正道。因為他知苦、知毒、知惡，出來之後，就永不再踏上舊路。

他也要聽善知識的話，只要見到人，就勸告他們不要走那條路。他自己也應該時時提醒自己：「過去因為迷惘，心智不清不明，所以才誤陷到惡道上，現在被善知識接引，從毒和惡中解脫出來，再也不要跌進去了。」

如果又重踏上了舊路，是因為還沒有從過去的迷惘錯誤中覺醒過來，覺察不到以前是如何誤認險惡道是平坦的安全道，很可能就會送掉性命。這樣習而無察無覺，就是那些習慣墮入惡趣眾生的寫照。而地藏菩薩就像那位大善知識，以善巧方便神通大願加持力，令那些罪苦眾生從三惡趣中解脫，讓他們受生人、天。但因習慣性的無察無覺，很快又跌了回去，如果習性業力累積深重，就將永處地獄，沒有解脫的時候了！

那時，惡毒鬼王雙手合什恭敬作禮對佛說：世尊！我們這些鬼王其數無量，我們在閻浮提，或利益人或損害人，各有不同的職守。但是由於這個業報的力量，讓我和我的眷屬遊走在閻浮提世界時，因為閻浮提眾生的習性是造惡多造善少，所以我們所回應的也是惡多善少。因此在經過人的家庭、城鎮、村落、莊園、房舍時，只要碰到一個作佛事的男人或女人，即使他們能做像毛髮那麼些少的佛事，甚至於只懸一個幡、或撐一個蓋、或用一點香、一點花供養佛像、菩薩像；或讀誦佛經，哪怕只是燒香供養佛經中的一句一偈，我們這些鬼王就會敬禮這個人，像對過去、現在、未來諸佛那樣禮敬他。

同時我們會命令屬下的各各小鬼護衛這個人。這些小鬼的神通能力，比人類大得多，像那些管土地的神祇，包括土地公、城隍爺等，我會派他們保護這個人，不讓任何惡事或意外傷毀來加害。也不讓藥石罔效、纏綿病榻的惡病以及突發的病來加害。甚至任何不如意事，都不會靠近這個人家的附近，何況進入他的家門來害他呢！

佛陀聽了，稱讚鬼王說：太好了！太好了！你們這些鬼王和閻羅天子，能這樣擁護這些作了些許佛事的善男女們，那我也命令大梵天王、帝釋天王護念你們。

世尊在說這些話時，會中有一個鬼王叫主命鬼王，對佛說：世尊！我是依我本業的攀緣，而得到作鬼王的果，我的使命，就是掌管閻浮提的人命。他們受生受死的好壞，都由我掌管。而我的本願和一切眾生的本願是完全相合的──就是都希望生得好、死得好。只是這些眾生不了解我的本意及我的局限，所以受生、受死都不快樂，不得安寧。

為什麼呢？這些閻浮提的人，在家中有人生孩子或生孩子的前後，不管生男、生女，只要作些親近、供養三寶的善事，就能使全家受到利益，家宅安樂，也自然會使土地公無量歡喜地以善相應回報，護衛母子，讓他們產前、產後安隱快樂，也會利益舍宅中的其他眷屬。但生產後千萬不要造殺業，用生鮮美味為生產的母親進補作月子，甚至還給小孩慶滿月，大事邀請親朋好友，大辦酒宴，飲酒食肉，歌樂弦管地來慶賀、慶功。這樣一來，會使產婦及新生嬰兒都不得安隱快樂。

為什麼呢？因為孕婦在生產受痛苦時，除了我主命鬼王在場，眾生的惡業也將無數好食腥血的惡毒鬼王的下屬，和妖、魔、精、怪都召引來了。但是因為我早先命令土地、城隍來保護照顧這些母子，使他們安樂，也令眷屬們都得到利益。他們在受到了好處時，本來合適的做法就是去感念、答報土地、城隍和護念他們的鬼王，但卻反而大造殺生的惡業，辦酒席大行放逸來祝賀自己。以此惡業，召來殃禍，終究自己要受，母親和新生嬰兒，也都會遭難。

還有，閻浮提臨命終人，不論是善人、惡人，我主命鬼王希望他們死後都不要墮惡道，何況那些平時能依佛法修行，讓我和他們的善根都得以增長，增加離惡就善實力那樣的人！這些閻浮提人道中行善的人在臨死時，我雖然在他們身邊，但周圍還是有百千惡道鬼神和他們的部下也在一旁。他們會幻化成臨終人已亡故的父母或親屬們，來接引他們墮入惡道，那就更不用說那些向來造惡的人了。

主命鬼王又說，世尊哪，像這樣閻浮提臨死的男女，他們的神志是昏憒黑暗的，不辨善惡，甚至他們的眼睛已經看不見，耳朵也聽不到。但他和家人彼此都希望往生善道的願望沒有消失，這就得靠他的眷屬為他作佛事了。他的眷屬要學光目女，大作佛事，供養佛和聖僧，為他高聲轉讀佛經，念佛菩薩的名號。這就布置了有利的條件，讓死者離開昏憒黑暗，離開三惡道，讓那些魔、鬼、神，統統都自動退散。

世尊！一切眾生臨命終時，若能聽聞到一佛名、一菩薩名，或大乘經典的一句一偈，我看這些人，除了造下五無間殺害的重罪者外，其他的小罪業本該要墮三惡趣的，但因能聽聞到一佛名、一菩薩名，或大乘經典的一句一偈，就能得到地藏菩薩加持力，很快出離三惡趣。

佛聽完主命鬼王的話後，就對他說：你有大慈心，所以才能發起這樣大的誓願，在一切眾生，受生受死時，都能護持他們，願他們得好生、得好死。既然發了如是大宏誓願，在未來無盡的日子裡，無論是男是女，在他們受生、受死時，你不要忘記或退卻發過的誓願，要令他們都得到解脫，永遠得到安隱快樂。

主命鬼王立刻率直的回答：您不要擔心這件事，只要我作一天鬼王，我每一念都會親近愛護閻浮提的一切眾生，讓他們在受生受死時，都得到安隱快樂。但願他們在生時、死時一定要相信我的話，照我的話去做，這樣才能都得解脫，得大利益。

那時，佛對地藏菩薩說：這個主命大鬼王，已經在百千生死中，都在作大鬼王，他在眾生受生受死時，親近愛護眾生，希望他們得到安樂。因為他是大菩薩，以大慈大悲大願力，示現大鬼身，來救度眾生，他其實不是鬼。從現在算起，一百七十劫後，他定當成佛，名號「無相如來」，他示現成佛的那一劫叫「安樂劫」，他所住持的世界叫「淨住世界」，他的佛壽，劫數不可計算。

佛接著說：地藏菩薩啊！這個大鬼王示現的功德，是如是不可思議；他去、來、今所度脫的天、人兩道眾生，也是不可限量。

稱佛名號品第九

那時，地藏菩薩摩訶薩向佛陀表白道：世尊，我現在要為未來末法時期南閻浮提的眾生演說利益的事，讓他們在受生受死時，能獲得大利益。但願世尊給我機會來講。

佛陀就對地藏菩薩說：你現在要展現你的大慈悲力，來救拔一切在罪苦中的六道眾生，演說無量無邊的神通妙事，現在正是時候，快說吧！我很快就要示現進入涅槃，因為我要讓你早日完成累劫的大願，同時，我要把現在和未來的一切罪苦眾生，都托付給你，由你來救拔他們，這樣，我也就不需要再擔憂了。

地藏菩薩就說了：世尊啊，在過去無量的阿僧祇劫，有一位佛在人間示現受生，他的名字叫「無邊身如來」。如果有男子、女人聽到這位佛的名字，只要暫時生起恭敬之心，就能超度掉他四十劫的生死重罪。何況他還去雕塑、繪畫這個無邊身如來的形像，並供養讚歎這個佛的卅二相、八十種好，他能得到的福報，是無量無邊的。

又在以前，像恒河沙那麼多劫之前，有一位佛在人間示現受生，他的名號叫「寶性如來」。假如有男子、女人，聽到這位佛的名字，很快地發心，不再回歸依止己意和己力，而回歸依止覺悟的心和覺悟的力量，這個人在成就無上正等正覺的道路上，永不退轉。

又在以前，有一位佛在人間示現受生，他的名字叫「波頭摩勝如來」。只要有男子、女人，把這位佛的名字聽到耳朵裡去，他死後，有一千次的受生受死，都會在六欲諸天內，享受殊勝的五欲之樂。何況他能專心一致地稱念這位佛的名號，福報會更大。

還有，在過去無量無量古老的劫數裡，有一位佛在人間示現受生，他的稱號是「師子吼如來」。只要有男子、女人，聽到這位佛的名號，專心一意、心無雜念的回歸依止他，就能得遇無量諸佛為他摩頂授記。

又在過去，有一位佛在人間示現受生，他叫「拘留孫佛」。要是有男子、女人聽聞他的名號，一心瞻禮他的形像，讚美感歎他的功德，這個人在賢劫（這一劫）千佛成佛的法會上，都會以大梵王的身份受生，得佛授記「汝於來世，定當作佛」。

又在過去，有一位佛示現受生於人間，號「毘婆尸佛」。假如有男子、女人，聽聞到這位佛的名號，就永遠不會墮於三惡道，常受生在人、天兩道，能享受殊勝微妙的幸福和快樂。

又在過去，無量無數恒河沙那麼多的劫數裡，有一位佛示現受生，他的名號叫「寶勝如來」。如果有男子、女人，聽到這位佛的名號，就永遠不墮惡道，常受生天上，享受微妙殊勝的五欲之樂。

又在過去，有一位佛出現於世，他的名號叫「寶相如來」。若有男子、女人，聽到他的名號，起恭敬心，嚮往其三千威儀、八萬細行，以及其三十二相、八十種好，以此為勝，這個人在未來會證得阿羅漢果。

又在過去，無量久遠的劫數中，有一位佛示現於世，他的名字叫「袈裟幢如來」。若有男子、女人，聽聞到他的名號，就能超越一百大劫內所造的生死罪業。

又在過去，有一位佛示現在人間受生，他的名號叫「大通山王如來」。若有男子、女人，聽到這位佛的名號，他就會遇見像恒河沙那麼多的佛，廣為他宣說一切諸佛妙法，最後一定自身成佛。

在過去，還有淨月佛、山王佛、智勝佛、淨名王佛、智成就佛、無上佛、妙聲佛、滿月佛、月面佛等等數不清的佛。

世尊哪！現在和未來所有的眾生，不論是天道、是人道、是男、是女，只要能至心稱念上述任何一位過去佛的名號，就功德無量，何況稱念多位佛的名號。這些眾生受生受死時，自然會得大惠利，絕對不會再墮三惡道。

所以，遇到家裡有人病重將死，他的家屬，即使只有一個人肯為這個病人大聲念一佛名號，這個臨死的人，除了所造的五無間地獄重業外，其它業報都會全部消滅。就算五無間罪的罪業沉重，需要經過上億劫還難出離，但只要在臨終時，有人為他稱念佛的名號，他的五無間罪業，也都會漸漸消滅。何況那些平時自己就不斷稱念佛號的人，他們將得到無量的福報，消滅無量的罪業。

校量布施功德緣品第十

那個時候，地藏菩薩摩訶薩仰承佛陀的大威德神通力，從座位站了起來，偏袒右肩，右膝著地，雙手合什，禮敬佛陀說：世尊啊！我觀察依業道輪轉的有情，按照他們所做的布施，來核算應得的福德，各有輕重、深淺、大小的不同。這些福德，有的在一生中就用完了，有的可以受用十生，有的還能百生、千生都受到大福報惠利。這當中布施的功德因緣差別之相，各是什麼呢？一心想請世尊，為我解說。

那個時候，佛陀就告訴地藏菩薩說：我今天在這忉利天宮的法會上，就為一切與會大眾來講一講，閻浮提什麼樣的眾生，做了什麼樣的布施，就會得到什麼樣輕重不同的功德。你要好好地聽，我現在就為你說。

地藏菩薩回答佛陀說：我對這件事正疑惑不解，非常想聽您解說。

佛陀告訴地藏菩薩說：在南閻浮提的國王、宰相、重要的大官、豪貴的民間領袖、有權勢的貴族和宗教界、學術界的領袖等，都是已修善業而極有福德的人。當他們遇見最低賤、最貧窮乃至包括畸形駝背、六根殘缺、啞吧、聾子、智障、瞎子，這些種種諸根不完備的人，要去布施時，如果能站在同體大悲、不捨眾生大慈的立場，還能下心、和藹可親地來親手布施，或者派人去做布施，同時，還用最柔和的愛語去安慰他們，用因緣譬喻來開解他們。這些世間主和豪貴的人們，這麼布施所能得到的福德和惠利，就等於去布施供養像一百條恒河沙所有沙數那麼多的佛，所得到的功德惠利。

為什麼世間主和豪貴的人們做這樣的布施，就會有這麼大的功德呢？因為，以他們在世間的豪貴，能對最貧窮下賤者以及諸根不完備的人，發起平等同體大悲心、不捨眾生大慈心，就會得這麼大的福報。還能在百千次的受生中，常作七寶具足的轉輪聖王，更不用說，能享受衣食豐溢的福報。

還有，地藏啊！如果在未來的世界裡，這些非常豪貴的人，像是國王、宰輔大臣、大長者、大剎利、大婆羅門……等，他們若是遇到了佛的舍利塔或是寺廟，或見到了佛的畫像或塑像，乃至菩薩、聲聞、辟支佛像，都能非常謙恭地來親自經營、辦理對舍利塔、佛像等以及對寺廟中僧團的布施供養。

這些世間主及豪貴的人們，他們所累積的福德是在三劫的受生裡，定能作帝釋天王，享受非常殊勝神妙的五欲之樂。如果還能把原本可以自受用的福德與惠利，普遍迴向給十法界的有情，這麼一來，這些世間主及豪貴的人們，在十劫的受生裡，常作大梵天王。

還有，地藏啊！如果在未來的世界裡，這些世間主及豪貴的人們，遇到了先佛的塔廟，或者先佛留下來的經典和佛像，遭到了毀壞或破損，能夠立刻發心去進行維修和補缺。這些世間主及豪貴的人們，或是親自來辦這些佛事，或勸其他人也一起來共同協作，乃至讓百千人一起出錢出力，藉著辦佛事，更結佛緣。

在這整個維修補缺的工作裡，領導這整件事的世間主及豪貴的人們，在百千次的受生中，累積了足夠的資糧，常作轉輪聖王。其他隨緣助喜，參加這件佛事，發心布施供養的人，也會在百千次的受生中，常作小國王。

所有參加了這個維修補缺工程的人，如果能進一步在修復的塔廟前面，把這次布施供養所受的福德，平等迴向給一切有情，那麼不論是帶頭的或參與的，終究必定成佛。因為這樣布施供養，所得到的果報真是無量無邊啊！

再說，地藏啊！在未來的世界裡，這些世間主及豪貴的人們，見到了老人、病人、生產的婦女，如果能夠立刻發起同體大悲、不捨眾生大慈的心，及時布施他們急需要的醫藥、飲食、臥具，讓他們立刻出離緊急的匱乏，得到安隱快樂。這麼布施所得到的功德惠利，是難以計算的。首先得到的福報是，永遠不墮三惡道，乃至在百千次的受生中，耳不聞苦聲；接著，在兩百劫的受生中，常為六欲天主；然後，在一百劫的受生中，常為淨居天主；最後，終究成佛。

所以說，地藏啊！如果在未來的世界裡，這些世間主和豪貴的人們，能做到我剛剛所講的這四個層次的布施供養，他們所得到的功德惠利是無法計算的。假如，還能做到不自受用這個布施的功德，全部迴向給三世十法界的一切有情，無論布施的是多、是少，都是在累積成佛的資糧。更不用講，一定能享受到轉輪聖王、帝釋天王乃至大梵天王的福報。

所以說，地藏啊！你要普遍地勸導現在、未來的一切眾生，好好地去正確學習、認領關於我所開示的：世間主及豪貴的人們所做布施的功德因緣差別之相。

再說，地藏啊！在未來的世界裡，如果有能持上十善法戒的善男子、善女人，在親近擁護佛法的修行中，只要能種下少少的善根，哪怕像毛、髮、沙、塵那麼微小，所能受用的福德惠利，是沒辦法用算術譬喻來衡量的。

還有，地藏啊！在未來的世界裡，如果有持得上十善法戒的善男子、善女人，遇見了佛陀的形像，或菩薩、辟支佛、轉輪聖王的形像，能布施供養，作佛事的話，就能得無量的福，常受生在人、天兩道，享受殊勝神妙的五欲之樂。假如不自受用這個福德，而迴向十法界一切有情，所受的福德就不可限量。

還有，地藏啊！在未來的世界裡，如果有持上十善法戒的善男子、善女人，遇到大乘經典，或聽了佛經的一句偈、或一句法語，就發起殷勤尊重的心思去讚美感歎，還用最恭敬的心態去布施供養，這個人將獲得的大果報是無量無邊的。假如他不自受用福德，還能迴向十法界一切有情，那他將受到的福德就不可限量。

還有，地藏啊！如果在未來的世界裡，有持上十善法戒的善男子、善女人，遇到佛的塔廟和大乘經典，若是剛剛建立起來的，就去布施供養，恭敬合掌地瞻仰禮拜、讚美感歎；若是建立已久，或遭到了毀壞的，就去重新修復、經營管理。這位發了心的布施供養者，他可能獨自去做，或者勸很多人跟他一起發心來做。這些參與佛事的人，在未來的三十次受生中，常能作小國王。而這位發起佛事的大施主，在未來的受生中，常做轉輪聖王，以十善戒法來教化天下，並以菩薩行來教化當時與他共做佛事、轉而受生為小國王的同伴們。

所以，地藏啊！在未來的世界裡，如果有持得上十善法戒的善男子、善女人，於佛法中所種的善根，或去布施供養三寶，或去修補陳舊毀壞的塔廟，或去重新裝訂整理、發布流通經典，哪怕只做了像一毛、一塵、一沙、一渧那麼一點點兒微不足道的佛事，只要不自受用福德，而能夠迴向十法界的一切有情，他所受到的功德，在百千次的受生中，就能受用最殊勝神妙的五欲之樂。

如果做了佛事的善男子、善女人，不把福德迴向給十法界有情，只迴向給自己的親人，或拿去自受用，這樣他所得到的果報是，在三次的受生中都享受快樂。只做這一毛、一渧的佛事，就能得到這麼多的善報，這真是一本萬利的大好事。

所以，地藏菩薩啊！我就這樣把世間主們、豪貴的人們和善男子、善女人幾種不同的布施，及其間因緣果報的差別，開示出來了。

地神護法品第十一

那時，主管大地的地神—堅牢地神，對佛說：世尊哪！我從很久遠以來，瞻視仰慕、恭敬禮拜了不知道有多少大菩薩了。這些大菩薩，都是住不可思議解脫大菩薩，他們的大神通力、大智慧力，都能廣泛普遍地救拔、度化一切眾生。唯獨地藏菩薩摩訶薩在一切菩薩中，誓願是特別深遠、特別厚重的。

堅牢地神接著說：世尊哪！這位地藏菩薩和閻浮提眾生的因緣，特別深重、廣大。以文殊師利菩薩、普賢菩薩、觀世音菩薩、彌勒菩薩為例，他們也和南閻浮提眾生有廣大的因緣，也化作百千種不同的分身形像，大行方便地度化南閻浮提六道一切眾生，可是他們的誓願還都是有了結的時候。但地藏菩薩教化南閻浮提六道一切眾生所發的誓願，有如千百億條恆河裡的沙子那麼多的劫數，沒有完結的時候。

堅牢地神又接著說：世尊哪！我觀察在未來末法時期和現在的一切眾生，在他們住所的南面，騰出一塊最乾淨的地方，用泥土、石頭、竹子或木頭做一個佛龕，其中放著地藏菩薩的畫像或用金、銀、銅、鐵所鑄造的地藏菩薩塑像，燒香供養，並瞻仰禮拜、讚美感歎地藏菩薩的功德，這樣的人，在他所居住的地方，可以得到十種惠利。哪十種惠利呢？

一、土地蘊藏非常豐富，有財寶；土壤肥沃，容易種植，也容易收成。

二、家中各人及舍宅都能永保平安。

三、已死的眷屬，會受生天道。

四、活著的眷屬，壽命會延長。

五、若有願求，都能稱心如意，達成願望。

六、不遭天災，不被水淹也不被火燒。

七、身體、資財、福報上都不易虛弱、耗損。

八、不作惡夢。

九、出入都有神明護祐。

十、經常能起佛緣、種佛種。

世尊哪！在未來末法時期和現在的一切眾生，如果能在他們的住處，依照我剛才所說，對地藏菩薩作如是的恭敬供養，保證得到上述的惠利。

堅牢地神接著對佛說：世尊哪！在未來的末法時期，如果有持得上十善法戒的善男子、善女人，在他們所住的地方，有《地藏本願經》和地藏菩薩像，並且他們還能轉讀經典、供養菩薩，那我將日日夜夜以我的神通力，守衛護念他們，甚至讓水、火、盜賊之災、大小意外、不幸和一切惡事等，都全部消滅。

佛對堅牢地神說：你是有大神通力的，很少有其他的神能比得上。為什麼呢？因為南閻浮提的土地，都歸你來主宰和護念。甚至一切由土地生長、承載的，比如草、木、沙、石、稻、麻、竹、葦、穀米、寶貝，都是你的大神通力的示現。正是因為你時時稱頌讚揚地藏菩薩對一切眾生的功德惠利，所以你的功德和神通力，超過一般神的百千倍。

佛接著對堅牢地神說：如果在未來的末法時期，有受持十善法戒的善男子、善女人，供養地藏菩薩和讀誦《地藏本願經》，凡是依照經文修行地藏法門的人，你應用大神通力親近愛護他們。不僅不要讓他們聽到任何災害或不如意的事，更不要讓他們受到任何恐怖或不如意事的傷害。因為不僅你在護念他們，還有帝釋天王、大梵天王和他們的眷屬以及其他諸天的眷屬，都在護念他們。

為什麼這樣的善男子、善女人會受到諸天菩薩和四賢果位者的護念和照顧呢？這都是由於他們瞻仰禮拜地藏菩薩的形像和讀誦《地藏本願經》的緣故，自然畢竟出離生死苦海，証得真常、真樂、真我、真淨的涅槃之樂。

因此對這樣供養地藏菩薩和讀誦《地藏本願經》的人，是一定會得到諸天菩薩和眷屬們全力的眷顧和護念。

見聞利益品第十二

那時，世尊從頂門上，放百千萬億大毫相光。所謂：白毫相光、大白毫相光、瑞毫相光、大瑞毫相光、玉毫相光、大玉毫相光、紫毫相光、大紫毫相光、青毫相光、大青毫相光、碧毫相光、大碧毫相光、紅毫相光、大紅毫相光、綠毫相光、大綠毫相光、金毫相光、大金毫相光、慶雲毫相光、大慶雲毫相光、千輪毫光、大千輪毫光、寶輪毫光、大寶輪毫光、日輪毫光、大日輪毫光、月輪毫光、大月輪毫光、宮殿毫光、大宮殿毫光、海雲毫光、大海雲毫光。

世尊於頂門上放出這些毫相光和毫光後，就發出微妙的音聲。隨著這個大光明發出的大音聲，向佛世界裏的一切大、小菩薩、天人、龍、鬼、神、人和下三趣眾生宣說：你們要聽我今天在忉利天宮的法會上，是如何地稱頌、宣揚、讚美、感歎地藏菩薩在人道、天道所做一切惠利和增益的事；神力、慈悲、智慧、辯才和大願不可思議的事；從因地上，即發阿耨多羅三藐三菩提心和大乘願的事；不斷精進，證得十地菩薩位的事；於阿耨多羅三藐三菩提心畢竟永不退轉的事。

說這些話時，會中有一位大菩薩，名叫觀世音。他離開座位，偏袒右肩，右膝著地，合什恭敬向佛禮敬說：偉大的佛陀啊，這位地藏菩薩摩訶薩是有大慈悲心的大菩薩，他同情悲愍罪業深重，而遭受苦難的眾生。他在千萬億世界裡，化現無量千萬億的分身，依不可思議大威德神通力，來成就自度度他的功德。我親耳聽到釋迦牟尼佛和十方一切佛剎土的無量佛陀，從他們不同的嘴裏，發出同樣的音聲，共同讚美、感歎地藏菩薩說：「如果我們把三世諸佛─所有過去、現在、未來世的一切諸佛都請來，都來訴說地藏菩薩依不可思議威神力，自度度他的成績，都說不完。」

觀世音菩薩接著又說：我在過去聽到釋迦牟尼佛，用非常歡喜的心，普遍廣泛地向大眾宣示，稱頌讚揚地藏菩薩，惠利增益無量眾生的功德事。我現在一心期盼世尊為現在和未來的一切六道眾生，再重新更詳細地稱頌讚揚地藏菩薩，利益無量無邊眾生的好事，讓這些眾生，能更好地瞻仰禮拜地藏菩薩，而獲得福報。

佛陀就告訴觀世音菩薩說：你啊，跟堪忍世界的因緣特別深重廣大，在堪忍世界裏面無論是天人、阿修羅、男子、女人、神、鬼，特別是六道中罪業深重苦難悲慘的眾生，只要他們聽到你的名號，見到你的形像，發出仰慕眷戀你的心，同時對你的功德發出讚美和感歎，這些眾生就能夠經常受生在人、天兩道，受用殊勝微妙的五欲樂，還可以進一步發願修習菩薩道，必定不會退轉。因為已在因地上發心，就能在果地上證果，如果證果的機運成熟，就必定遇到有佛為他摩頂授記。你既然具足了大慈大悲心，同情悲愍一切眾生和天龍八部，現在就聽我宣達訴說，地藏菩薩惠利增益眾生無量無邊的好事。你要專心一意地聽，我現在為你說。

觀世音菩薩回答說：是的。偉大的佛陀！這就是我一心所願、一心所樂要聽到的事。

佛陀告訴觀世音菩薩說：在未來、現在的一切世界中，有天道的眾生，在天道的福享盡，將死時，會現五衰相，心中容易起惡。此時他們之中有些往往連受生人道的福報都沒有了，就要直接下墮到三惡趣去了。這些天人，不管是男、是女，當五衰相出現的時候，只要他們見到地藏菩薩的形像，或聽到地藏菩薩的名號，看一眼就頂禮一下，或聽聞一聲就頂禮一下，這樣的天人，他們本來已盡的天福，就會又重新增長回來，還會繼續在天上享受大快樂，永不得下墮三惡道的苦報。

何況天人見到菩薩形像和聽聞菩薩名號，不只一瞻一禮，還拿香、鮮花、衣服、飲食、寶貝、瓔珞這些珍貴的東西，來布施給眾生和供養地藏菩薩，所獲得的功德和福利，是無量無邊的。

再說啊，觀世音菩薩！在未來、現在的世界裏，一切的六道眾生，如果在臨死的時候，聽聞到地藏菩薩的名號，只要有一聲聽進耳朵裏去，這樣的眾生，就永不會墮到三惡趣中去受苦。

何況如果還有眾生在臨死的時候，由他的父母、眷屬代他做供養、修功德，將臨終人的宅舍、財物、寶貝、衣服，統統捐獻出來，雕塑、繪畫地藏菩薩的形像；或是趁著他臨死前，眼、耳、鼻、舌、身、意還能發生作用的時候，讓他知道，他的眷屬已經把他的動產和不動產，全部捐獻出來，為他雕塑、繪畫地藏菩薩的形像了。

如果這個人因為罪惡業報的因果關係，本該受重病的折磨，但以布施供養的功德，他的病不但能很快痊癒，而且能增長壽命。如果他的業報注定是要死的話，他所造的一切罪惡和業障，本該讓他墮三惡趣的，也因這個布施供養的功德，命終之後，立刻受生人、天兩道，享受人、天兩道中殊勝神妙的五欲之樂，他一切的罪惡業障也都得消滅。

再說啊，觀世音菩薩！如果未來世中，有男子、女人，無論是當他還在吃奶時、或三歲、五歲、十歲之前，他的父母，乃至兄弟、姐妹就死掉了，等他長大以後，思念回憶他們，非常想知道：親人會在哪裏受生？受生在什麼世界？會生在哪一天中呢？這個人如果能雕塑、繪畫地藏菩薩形像，乃至稱誦地藏菩薩的名號，面對地藏菩薩形像，每瞻仰一次便禮拜一次。如是在七天之中，不退卻初發的願心，持續做聞名、見形、瞻禮、供養的佛事。這個人的親人、眷屬若是因為惡業深重下墮三惡趣，而且要待上數劫之久，就會蒙受他兒女、兄弟、姐妹雕塑、繪畫、瞻禮地藏菩薩形像的功德，馬上從三惡趣解脫，在人、天中受生；假如他的親人已在人、天享受殊勝神妙的五欲之樂，也因蒙受他所作的功德，更加歸依三寶，增益佛緣，受無量快樂。

如果這個人還能夠連續在二十一天內，全心全意地繼續瞻仰禮敬地藏菩薩形像，稱念地藏菩薩名號，等到念滿一萬遍的時候，就會遇到地藏菩薩對他現「無邊身」，並一一告訴他，他的親人現在受生的世界；或是在睡夢中，地藏菩薩會現大威神力，親自帶領這個人，去到他的親人受生的世界，見到他的親人。

如果還更能夠在連續的一千個日子裏，每天稱誦地藏菩薩的名號一千遍，這個人就會受到地藏菩薩派遣附近的土地鬼神來護衛他，一直到死為止；還保證在他活著的時候，物質生活充裕，享用不完，而且沒有疾病痛苦，意外災難也不會降臨他的家中，更不會讓他的身體受到任何意外的傷害。

最後，這個人終究會得到地藏菩薩為他摩頂授記。

再說，觀世音菩薩呀！倘若未來世中，有能持十善法戒的善男子、善女人，他們之中有一等人，或要發大乘願，以廣大慈心，去救度一切眾生；或有一等人，要發無上菩提心，誓願成佛；或還有一等人，要發小乘菩提心，求證阿羅漢果位，出離三界火宅。這三等善男子、善女人，見到地藏菩薩形像、聽到地藏菩薩的名號以後，如果能全心全意歸依地藏菩薩，並用香、鮮花、衣服、寶貝、飲食，供養瞻禮地藏菩薩形像，就能在行願的道路上，加速實現他所發的誓願，永遠不再碰到磨難和障礙。

再說，觀世音菩薩啊！倘若在未來世，有能持十善法戒的善男子、善女人，想要求現在、未來百千萬億的願，想要成就百千萬億的事，只要歸依、瞻禮、供養、讚歎地藏菩薩形像，就會得到地藏菩薩的加持力，來幫助他實現所願、所求。如果他還再發願：

願地藏菩薩大慈悲力永遠擁護我。作到了這些，他就會在睡夢中，得到地藏菩薩為他摩頂授記。

再說，觀世音菩薩啊！倘若在未來世，有能持十善法戒的善男子、善女人，他們深深珍惜敬重大乘經典，並發起無限愛慕心和希求心，想要深入學習讀誦，但是縱使遇到開悟的明師，在旁鞭策指導，希望他們能熟讀熟記，還是一邊讀，一邊就忘了，如是經過數個年頭，還是無法熟讀經典。像這樣的善男子、善女人，是因為他的心被宿昔所造的業障遮蔽住，還沒有消業除障，所以無法讀誦大乘經典。

這樣的人，他們要稱念地藏菩薩名號，瞻禮地藏菩薩形像，把他們對大乘經典所發起的愛慕和敬重之心，恭恭敬敬地對地藏菩薩如實陳述。接下來用香、鮮花、衣服、飲食、一切珍玩、寶物，來供養地藏菩薩。然後拿一杯淨水放在地藏菩薩像前，經一日一夜稱揚、瞻仰、禮拜地藏菩薩後，合掌向地藏菩薩祈請加持，面對南方，虔誠恭敬地喝下這杯水。喝完後，在七天或二十一天之內，要嚴格戒五辛、酒肉、邪淫、妄語和殺害。

於是這個善男子、善女人，在睡夢中，就會見到地藏菩薩現無邊身，為他授灌頂水，讓他感受到地藏菩薩的加持力。等他從睡夢中醒過來後，就變得神清氣朗、聰明敏銳，能和《地藏本願經》相應，只要一聽，就永遠記得，再不會忘記一句一偈。

再說，觀世音菩薩啊！倘若在未來世，有一些人，衣食不足，凡是所求的都不能如願；或身體多病，常遭凶禍和不幸；家宅不安，親屬生離死別；或常常遭遇突發的事故，多不稱心、不如意；甚至連覺也睡不好，惡夢不斷，常受驚嚇恐怖。這些人應當稱誦地藏菩薩名號，瞻禮地藏菩薩形像，而且一定要全心全意、恭恭敬敬地稱念地藏菩薩名號一萬遍，能這樣去做，那些不如意的事，就會慢慢減少，甚至不再出現，因而得到安隱快樂，衣食充足有餘，甚至於在睡夢中，都能得到安隱快樂。

還有，觀世音菩薩啊！如果在未來世，有能持十善法戒的善男子、善女人，或是為了自己的事業、收入等等，或是因公因私，或被生死所逼，或遇到一些緊急狀況，要進入山林，渡過河、海，乃至大洋，或經過危難叢生的險惡道，這都很容易會遇上意外和險境。這時，在出遠門前，先志心恭敬地稱念地藏菩薩名號一萬遍後，再出門。這樣祈求後，他所將經過的地方，就會有鬼神來護衛他，使他行住坐臥，都能躲過險惡，永保安樂。即使當面碰上了虎、狼、獅子等惡獸，一切有毒有害的東西，也都不會傷害到他。

佛對觀世音菩薩說：地藏菩薩和閻浮提眾生就是有這麼大的因緣，如果要我說閻浮提眾生，因為瞻禮地藏菩薩的形像、恭誦他的名號，所獲得的惠利和增益的事情，百千劫都說不完。所以，觀世音菩薩，你應當以你的大威神力，把這部經廣泛地流布出去，讓娑婆世界的眾生，在未來百千萬劫裏，都能永遠受到安隱快樂。

那時，世尊就以偈說道：

吾觀地藏威神力　恆河沙劫說難盡
見聞瞻禮一念間　利益人天無量事
若男若女若龍神　報盡應當墮惡道
至心歸依大士身　壽命轉增除罪障
少失父母恩愛者　未知受生在何趣
兄弟姊妹及諸親　生長以來皆不識

或塑或畫大士身　悲戀瞻禮不暫捨
三七日中念其名　菩薩當現無邊體
示其眷屬所生界　縱墮惡趣尋出離
若能不退是初心　即獲摩頂受聖記
欲修無上菩提者　乃至出離三界苦
是人既發大慈心　先當瞻禮大士像
一切諸願速成就　永無業障能遮止
有人發心念經典　欲度群迷超彼岸
雖立是願不思議　旋讀旋忘多廢失
斯人有業障惑故　於大乘經不能記
供養地藏以香華　衣服飲食諸玩具

以淨水安大士前　一日一夜求服之
發殷重心慎五辛　酒肉邪婬及妄語
三七日內勿殺害　至心思念大士名
即於夢中見無邊　覺來便得利根耳
應是經教歷耳聞　千萬生中永不忘
以是大士不思議　能使斯人獲此慧
貧窮眾生及疾病　家宅凶衰眷屬離
睡夢之中悉不安　求者乖違無稱遂
至心瞻禮地藏像　一切惡事皆消滅
至於夢中盡得安　衣食豐饒神鬼護
欲入山林及渡海　毒惡禽獸及惡人

惡神惡鬼并惡風　一切諸難諸苦惱
但當瞻禮及供養　萬遍稱念大士名
如是山林大海中　應是諸惡皆消滅
觀音至心聽吾說　地藏無盡不思議
百千萬劫說不周　廣宣大士如是力
地藏名字人若聞　乃至見像瞻禮者
香華衣服飲食奉　供養百千受妙樂
若能以此迴法界　畢竟成佛超生死
是故觀音汝當知　普告恆沙諸國土

（這品結尾，世尊以一首偈，來重新總結整品的內容，因文義部份已在前面詳解過，我們就不再逐句講解了。）

囑累人天品第十三

那時，世尊舉起他的紫磨金色手臂，再一度的為地藏菩薩摩訶薩摩頂，對地藏菩薩說：地藏啊！地藏！你的六大神通力，無量無邊；你的平等大慈心、同體大悲心，無量無邊；你的一切智和無等等佛自在慧，也無量無邊；你已得四無礙辯故，是以你的辯才無障無礙、無量無邊。假如把所有的十方諸佛，一個都不漏地請來讚美、感歎、宣揚、述說你作的無量無邊的佛事，即使用千萬劫來述說，都說不完。

世尊接著又說：地藏啊！地藏！請你好好地記住今天這場忉利天宮的法會。我當著百千萬億數不盡的會眾，包括一切諸佛菩薩、天龍八部等，再一次地把從人道、天道到地獄道還沒有出離三界火宅的六道眾生，托付給你：不要讓這些眾生，再墮回惡道中，哪怕是一天一夜都不要。更不要說讓他們墮到五無間及阿鼻地獄裡去，經歷那千萬億劫都出不來的苦。

地藏啊！這些南閻浮提眾生的志向和心性都極端不穩定，因為他們的習性業力，使他們不斷地生起惡心、惡念；縱使發起了一些善心和善念，沒多久就又退失了；尤其當條件轉惡的時候，惡念就更是相續不斷地增長。為了這個原因，我分成百千億個化身，來教化救度他們。依他們的情況，來調發他們的善根和佛性，使他們都能得到救度和解脫。

地藏啊！我今天一再懇切地把天眾、人眾托付給你：在未來世，如果有天人和受持十善法戒的善男子、善女人，他們依佛法種下少許信、進、念、定、慧的善根，即使這善根只有像一根毛、一粒塵、一顆沙、一滴水那麼少，都請你用無量無邊的功德力，加持護念這個人，一定要保證他能依次第發實無上菩提心，不要讓他中途因悔退而忘失他的本願。

還有，地藏！在未來世裡，如果天、人兩道的眾生，他們為業力所驅使，隨業報應要墮入三惡趣中，在將要墮下或已在三惡趣的門口時，那些眾生若能念得一佛名、一菩薩名、一句大乘經典、或大乘經典中的一首偈，我要求你以大神通力、大方便力救拔他們。當下示現你的無邊身，為他們粉碎地獄，把他們救拔出來，讓他們受生天道，受勝妙樂。

那時，世尊對地藏菩薩又以偈說道：對那些現在和未來天道、人道的眾生，我現在再懇切的交待托付你：希望你用大神通力和善巧方便，救度教化他們，不要讓他們墮到三惡趣中。

那時，地藏菩薩摩訶薩偏袒右肩，右膝著地，雙手合什向佛頂禮說：偉大的佛陀啊！請你不要再為這件事擔憂費心了。在未來世中，只要有受持十善法戒的善男子、善女人，對佛、法、僧三寶生起一念恭敬心，我都會以無量的方便，讓這個人得到救度，盡快從生死中解脫，不再受到八苦的折磨和糾纏。更何況這個人能時時聽聞正法並如說修行，我當然要保證他在無上的一佛道中，永遠不會退轉。

地藏菩薩剛講完，會眾中有一位菩薩名叫虛空藏，他對佛說：偉大的佛陀啊！從我來參加這場忉利天宮法會的一開始，就聽到您讚美、感歎地藏菩薩的大威德神通力，是如此地無量無邊。在未來世中，如果有受持十善法戒的善男子、善女人，乃至一切天龍鬼神，聽聞、學習這本經典，並稱揚、讚歎地藏菩薩名號，瞻視、頂禮地藏菩薩的形像，能得到哪幾種福利？又是些什麼樣的福利呢？我一心祈求世尊，能為未來和現在的一切眾生，大致講講。

佛陀對虛空藏菩薩說：好好的注意聽，好好的注意聽！我就為你一項一項的分別說明這些利益。如果在未來世中，有受持十善法戒的善男子、善女人，瞻仰地藏菩薩的形像，聽聞學習《地藏本願經》，甚至能夠熟讀背誦，又以香、鮮花、飲食、衣服、珍寶做為布施供養，並讚美、感歎、瞻視、禮拜地藏菩薩的形像和功德，他們可以得到以下二十八種利益：

第一、能夠得到諸天和阿修羅道一切鬼神的護念；

第二、因為有善業，善果會日益增上；

第三、能累積發無上菩提心的資糧；

第四、已發的菩提心，不會退轉；

第五、日用所需，豐盛充足，無有匱乏；

第六、不會感染到疾病和傳染病；

第七、遠離意外的水火災害；

第八、不被盜賊所損害；

第九、別人見到他，都會不由自主地生起欽羨敬慕之心；

第十、有神鬼幫助護持他；

第十一、若今生為女身，下次將受生轉為丈夫身，脫離女身之苦；

第十二、如果願意繼續作女人，將受生豪貴，為王臣之女；

第十三、不論再受生是男是女，都將生得品貌端正美好；

第十四、經常受生諸天，不墮三惡趣；

第十五、有機會能受生為世間主、轉輪聖王或帝釋天王；

第十六、能得識宿命，擁有開啟宿命大神通的福報；

第十七、一切願求都將得到滿意的答報，一切如意；

第十八、身邊的眷屬，常在歡喜安樂中；

第十九、不會發生意外災禍；

第二十、永遠遠離險惡道；

第二十一、一切所去之處都美好，而且通達無礙；

第二十二、睡夢安祥快樂；

第二十三、已經死去的親人都能離開三惡道苦，受人天勝妙之樂；

第二十四、只依過去的福業受生，不依惡業受生；

第二十五、能得到諸佛菩薩的讚美和感歎；

第二十六、耳聰目敏，眼耳鼻舌身意六根都非常明利；

第二十七、有富足的慈心和悲愍心；

第二十八、終將成佛。

佛陀接著說：還有，虛空藏菩薩啊！如果現在、未來，有天龍鬼神，聽聞地藏菩薩名號，禮拜地藏菩薩形像，或聽聞到地藏菩薩大願承擔的偉大行蹟，而讚美、感歎、瞻仰、禮拜地藏菩薩，能得到如下七種利益：

第一：在修行中，能很快的經過小乘的須陀洹果、斯陀含果、阿那含果、阿羅漢果，乃至中乘的辟支佛果，或從地前菩薩位到十地菩薩位，在經過每一個果位和次第時，都能得到地藏菩薩勇猛精進的加持力。

第二：能使他百劫千生的惡業消滅。

第三：常感受得到諸佛護念。

第四：已發的菩提心，不會悔失退轉。

第五：在已發的本願上，願力不斷的增長。

第六：得宿命大神通。

第七：畢竟成佛。

講完這段話時，從十方來參加忉利天宮法會的會眾，包括無量無邊無數的佛、大菩薩、天龍八部等，聽到了釋迦牟尼佛，一再地對地藏菩薩大願威神力的稱頌、宣揚、讚美和感歎，也都一起發出讚歎說：真是聞所未聞！

這時的忉利天宮，像下雨一樣的落下了供養釋迦牟尼佛和地藏菩薩的香、鮮花、天衣、珠寶。供養完畢，所有參加法會的會眾，都再一度地瞻仰禮敬世尊和地藏菩薩後，合掌而退。

末世哀哉苦眾生　罪緣沉重墮幽冥
心中三毒召橫逆　身口七行犯鬼神
業道輪迴非聖意　惡塗出入違慈恩
誰拔無量無邊苦　地藏慈悲誓願深

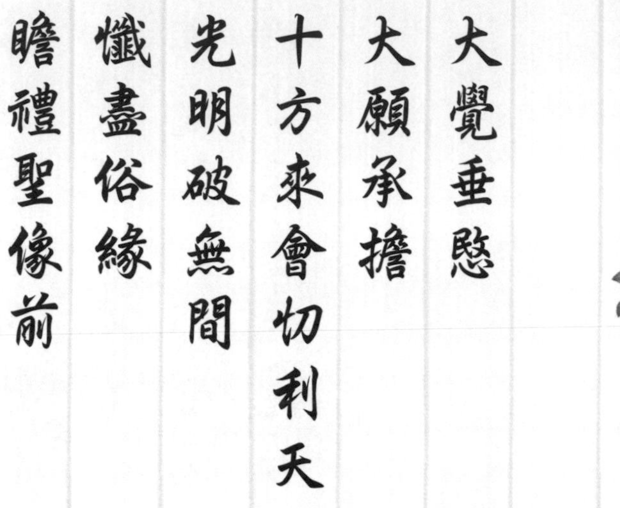

大覺垂慇
大願承擔
十方來會忉利天
光明破無間
懺盡俗緣
瞻禮聖像前

學習《地藏本願經》的十個重點

《地藏本願經》中，佛菩薩所說的法，都是甚深微妙、難信難解之法。以我們這樣小心、鈍根、少信的眾生，小心眼裡是沒有辦法攝受、包容經裡的大法。所以，我只能把我這小心眼跟此經相應的地方，舉出幾個學習的重點，跟大家分享一下：

一、此經是針對你、我而說

忉利天宮的法會，本是佛陀為母摩耶夫人說法的法會，但是當地藏菩薩摩訶薩出現時，法會的性質就改了——變成針對末世（此時）南閻浮提（此土）眾生「應受化業」而說的法會。也就是說，這個法會是針對你、我而說。因此，這部經對我們而言，特別重要。

佛陀、地藏菩薩摩訶薩、諸菩薩以及鬼神領袖們，給此時此土我們這一類的眾生，取了一個名字，就是——「剛強難化習惡罪苦眾生」。因為他們見到我們：（一）「舉心動念，無非是罪」、「舉止動念，無不是業，無不是罪」；（二）「脫獲善利，多退初心，若遇惡緣，念念增益」，「縱發善心，須臾即退，若遇惡緣，念念增長」；（三）雖蒙地藏菩薩摩訶薩「頭頭救拔」，仍「旋出旋入」。

從這三個理由來看，我們都具足了「剛強難化習惡罪苦眾生」的性質；因此，我們正是這部經主要開解、救拔對象，並且是地藏菩薩摩訶薩優先救拔的對象。

二、從知「苦樂法」入門

此經開宗明義說：因為此時此土眾生，是如是剛強難化，不能知「苦樂法」，所以跟三寶結不上緣。

因此，我們跟三寶結緣的次第：必須從「苦樂法」開始結緣——歸依佛之知見，依佛之知見來知「苦樂法」，就初結佛緣；若能從「苦樂法」知「善惡法」，就更結佛緣；若能從「善惡法」知「真假正邪法」，就深結佛緣。

只是我們這些剛強難化習惡罪苦眾生，居然沒有辦法和佛所說的「苦樂法」相應；因此不能分辨什麼是「真苦」？什麼是「真樂」？因此也不能分辨什麼是「真善」？什麼是「真惡」？更不要提分辨「真假正邪」！所以歸依不上三寶，永遠活在邪迷、顛倒、昏暗、無明、愚蠢中，智慧不能開啟。這是《地藏本願經》對我們很重要的提醒。

三、從「知苦樂法」入「苦—集—滅—道四諦法門」

如何能「知苦樂法」？

就是開始問：「怎麼自己過去這麼苦？現在這麼苦？將來還會更苦？怎麼一切眾生都這麼苦？」如是把自己及一切眾生所受的苦果，都和「八苦」對號入座——「生苦、老苦、病苦、死苦、愛別離苦、怨憎會苦、求不得苦、五陰熾盛苦」，即是入了「苦諦」門。

如果能進一步問：「我及一切眾生到底怎麼召集來這些苦？怎麼去造作成就這些苦？又如何在受這些苦？如何答報這些苦？」如是去找出苦因——「十惡」及「十二

因緣法」，就是分辨「善惡法」，對苦有正確的「重新認識」，即由「苦諦」進入「集諦」。

若能知苦、斷集，則永滅一切苦因苦果，就是「滅諦」。

如果能再進一步問：「我及一切眾生，有什麼辦法可以出離一切苦？而且永遠不再召集這樣的苦？真正有這麼美好的事嗎？那麼，該行什麼道才能到達那個美好的境界？原來有十善業道及三乘道！那麼，怎麼才能正確行上此道？」如是發願、修道，就進入「道諦」，行上真正「離苦得樂」之道。

《地藏本願經》很方便地帶我們從「知苦樂法」入門，認識「四諦法門」，並幫我們用這個認識，很快能歸依上地藏菩薩摩訶薩，歸依上三寶。

四、地藏菩薩摩訶薩是「願力法」的總代表

因為我們是「剛強難化習惡罪苦眾生」，非常習慣活在「罪惡苦」的生態和心態中，繼續造業——如是想、如是說、如是作，對「苦樂法」都不能、也不願正確認識，如是根本入不了「四諦法門」，只有長期活在「業力法」的掌控底下。

此經即明白開示地藏菩薩的四個前世，讓我們認領到：連地藏菩薩摩訶薩都必須以「願力法」，作為唯一對治「業力法」的辦法。只要我們願意，我們的未來就可以在「願力法」的牽引、開導下，擺脫業力法的控制，出離業力法的軌道，得真自由、真解脫。

《地藏本願經》就是在告訴我們：一切十方三世諸佛菩薩願力的總代表，就是地藏菩薩摩訶薩；地藏菩薩摩訶薩也代表一切六道眾生本願——都要「趨吉避凶、離苦得樂」；都要追求「常、樂、我、淨」，因此一切眾生都當歸依地藏菩薩摩訶薩的大願。

五、認識無形界

此經還告訴我們：「無形界」的力量，遠遠大過「有形界」的力量；有形界眾生的命運，完全被無形界所掌控。

「無形界」是什麼呢？

凡是我們眼、耳、鼻、舌、身、意「六根」看不見、聽不到、聞不到、嚐不到、觸不到、想不到的存在，就是「無形界」。

因此，對於我們這樣「小心、鈍根、少信」的眾生而言，「無形界」包括了一切的佛、菩薩、辟支佛、阿羅漢、鬼神仙魔、下三趣眾生、我們沒去過的地方、我們沒經歷過的事；還包括人道眾生；甚至包括我們自己。

為什麼我們連「人道眾生」和「自己」都在無形界？

就看看：我們這個無形無相、無嗅無味、不可捉摸的「心」，不是在無形界嗎？乃至我們難以見到的「心中三毒」，不也在無形界嗎？再看看我們的過去、未來，不都在無形界嗎？還有那些芸芸眾生，乃至我們身邊最親近的人，我們見得到他們的過去、未來嗎？認識他們的「心」嗎？不全都在無形界嗎？

無形界浩瀚廣大，具有極大的威力，是一切動力的來源，完全掌控了我們這些有形界的眾生，只是我們不知、不見、不覺罷了。

《地藏本願經》就是要我們深刻去體會、相應：無形界是有力的！而我們自認為有力的有形界，其實是無力的！

六、「十善十惡」是從有形界通往無形界的銜接點

一切眾生造作十惡，就受八苦；遠離十惡，即行十善，就能離苦得樂。而「善惡法」，主要在無形界，特別是所造作的意業——憍慢邪見、貪欲慳吝、瞋恨嫉妒。語業所造——妄語、兩舌、惡口、綺語；身業所造——殺生、偷盜、邪淫，雖是有形有相，但一旦被我們覆藏，就進入無形界。

當十惡業或十善業累積到一定程度，就從無形界進入有形界，此時我們就感受到「苦」或「樂」。所以，要從有形界通往無形界，就是從所受的樂果、苦果，去思惟觀察「十善、十惡」，這是一個很重要的渠道。

在這個渠道上，《地藏本願經》提供了諸多方便法門，讓我們從有形界進入無形界。

例如，因為我們心量狹劣，無有智慧，經常「於相住相」，只關注有形界的人事物，所以地藏菩薩摩訶薩就隨順我們，利用造像、供養佛菩薩聖像、供養浮圖廟塔、做一切佛事、稱念佛號、讀誦《地藏本願經》等辦法，做為方便法門，幫助我們憶想遙擬佛菩薩的種種功德、善業、福報，勇敢誠實地慚愧發露所造十惡，帶我們出離當下怯弱、恐怖、逼迫、衰惱的境界，如是就擴大提昇我們的心量，把我們從有形界接引到無形界。

這部經的重要性，就在幫我們打開「無形界」這扇門。否則，我們跟無形界是不通的。

嚴格地說，不能講我們跟無形界「不通」，因為我們和無形界的下層非常地「通」。例如，我們的心態和餓鬼、畜生、地獄是很容易通的，只是我們不能自知、自見、自覺是怎麼通的，通常要等我們嚐到了刀山油鍋的滋味，才知道已經跌進了地獄。

我們經常來到無形界的下層，卻不知道通過了什麼路程，這是非常危險的事。《地藏本願經》就是著重在警告我們，那些我們極需要認識，但又還沒有認識到的無形界的存在。

七、生時死時的勸告

因為我們見不到自己經常在通往無形界，特別是在「生時、死時」，所以此經中，地藏菩薩摩訶薩和那些鬼王們，明白地給了我們一些很現實的勸告：

不要放逸其心，不要大事舉哀或慶祝，不要祭拜鬼神，也不要得罪鬼神；唯一能作的事，就是捨一切寶愛之物和錢財，全部拿來稱念供養地藏菩薩摩訶薩和一切諸佛菩薩，大作佛事。這是在生死之際，和無形界最良性的溝通辦法。

八、「大人布施眾生，小人供養三寶」的原則

對於國王、大臣、宰官、長者等世間領袖，以及世間豪貴者而言，經中說：若能下心布施眾生，其「布施功德」多於對三寶的供養。

對於小百姓而言，他們沒有錢財勢力，所以他們對三寶的「恭敬供養功德」大過於布施功德。

九、地藏菩薩摩訶薩是十方一切佛、法、僧寶的總代表

「忉利法會」上，地藏菩薩摩訶薩不止受到世尊的「般勤付囑」，還受到十方諸佛和諸天菩薩共同託付委命，來救拔我們末世「剛強難化習惡罪苦眾生」。地藏菩薩摩訶薩也一再重發誓願來回應他們，要他們不要憂慮。

在這裡，我們一定要清楚認識到地藏菩薩摩訶薩的功德。為什麼他會單獨受到十方諸佛和諸天菩薩的共同託付委命，作十方一切佛法僧寶的總代表？

首先，他的深誓大願不可思議；其次，他有不可思議的神力、不可思議的智慧力、不可思議的慈悲力、不可思議的辯才力、不可思議的方便力。地藏菩薩就是以此無量功德，作為我們末世南閻浮提「剛強難化習惡罪苦眾生」的唯一救拔者。這是每一個讀《地藏本願經》的人，一定要牢記在心的。

十、《地藏本願經》是此時此土一切眾生和地藏菩薩摩訶薩正結佛緣，最重要的一本經典

諸佛菩薩所說的修行法門，都非常殊勝，但都有條件、有「門檻」要跨，多數必須是「善男子、善女人、發阿耨多羅三藐三菩提心」才有資格修學。

而我們現在連「十惡業道」和「八苦」都不能自救自拔自解自出，種種殊妙法門都歸依不上，只有地藏菩薩「不設門檻、沒有條件」，只要我們願意向他發出求救訊號、願意被他救拔，他就救。

故地藏菩薩摩訶薩是專門救拔、專門對治我們這些福薄善淺、剛強難化、習惡罪苦

眾生的。一旦跟地藏菩薩摩訶薩結上緣，就得他神力加持護念，並得受持種種殊勝方便「地藏法門」，通過這些法門，很容易就跟一切諸佛菩薩，和一切種種勝妙法門接上緣。因此，我們要好好學習《地藏本願經》。

黃勝常 敬識
二零零五年四月十二日
於美國雲霓山道場

陳友梅女士曾是講堂年齡最大的同學。她是獨生女，父親曾是河北保定府的中藥材大批發商，她從小就是父親捧在手上的心肝寶貝。但是還沒有等她長大，父親就去世了。高伯母失去了她此生第一個「可靠」的依怙。

三十三歲時，丈夫又突發腦中風，捨下她和七個年幼的小孩(二男五女)走了。高伯母又再度失去了依怙。

二〇〇〇年這一年中，她的兩個兒子—高唯岳和高唯峻，分別在五月和七月，都因心臟的問題，先後入院動手術。

唯岳換了一個心臟瓣膜，出院後在家中修養。高伯母在全神照料大兒子的期間，突然接到唯峻送入急診室的消息。她慌忙搭乘飛機，趕到小兒子身邊，此後的三、四個月，唯峻從急診室轉入普通病房，回家修養，又送急診室……兩次、三次死裡逃生的折騰（見《東山講堂通訊》第十八期「心開生病」一文），她的心也跟著上上下下、快快慢慢、停停走走地跳，分不清是兒子的心，還是母親的心。一天一天地挨，一分一秒地過，無論她外現得有多堅強，但誰都看得出她老人家內心的絞痛、恐怖、罣礙、虛弱、無助。

這兩個兒子，是高伯母後半生的兩大支柱，在兩根棟樑搖擺晃動的情況下，就像那永不停止的強烈地震，再堅強的她，都時時處在心力交瘁，招架不住的無力感中。

「危即是機」，就在兩個兒子身體上出現無常變化的同時，黃老師正在東山講堂開講《地藏本願經》，高伯母也跟著受到惠利，她的心因此更接近了佛陀所說世間皆是「無常、苦、空、無我」的真理。

在她求地藏菩薩救她、救她兒子們的祈禱中，那顆要跳出胸口外的心，穩定了下來，這個時候，她深刻地體會到母親保不住兒子生命的無力感，更難能可貴的是開始相信只有「真常」、只有歸依地藏菩薩，才是真正的依怙。

高伯母在感念地藏菩薩救贖的同時，發願以畢生運用得最嫻熟的十字繡，繡一幅地藏菩薩聖像。她特地訂購了最細密的十字網布，並請東宜蘭同學在上面精心畫出地藏菩薩像作為底稿，再親自選購各種刺繡色線，繡繡拆拆，要求盡善盡美，直到滿意為止。

高伯母的右眼在她三、四十歲時就已經開始長白內障，右眼珠上像蒙著一層厚厚的白紗布，看什麼都是模模糊糊的。左眼的視力，也薄弱地似乎看不見什麼。但每天天一亮，她就坐在光線最好的地方，以感激、供養地藏菩薩的誠心，每繡一針就念一句地藏菩薩聖號，天天持續不斷，每天至少六個小時，整整用了四個半月的時間，繡完了地藏菩薩的聖像。這年她老人家八十六歲。

聖像繡的莊嚴慈祥，生動立體，瞻仰到這幅繡像的人無不感動異常，目不暫捨。高伯母後來說，以她當時的視力，若非地藏菩薩的加持，她是無法完成那幅繡像的。往後的幾年，黃老師和同學們都以她的法號「心捨」稱呼她，她都很高興地應答。老人家每天在家裡虔誠的供養地藏菩薩，到訪講堂時還和我們一起學習，更在二〇〇五年學完了一整部《地藏本願經》。並又再次發大願繡第二幅菩薩聖像，供養地藏菩薩摩訶薩。她自己也因患大腸癌，在多次突發的緊急情況中，向地藏菩薩即時求救而被救。這些都為她自己親近、歸依上地藏菩薩籌集了很多的資糧。

《地藏本願經・如來讚歎品第六》上，佛對普廣菩薩說：「若有善男子、善女人，或彩畫形象，或土、石、膠、漆、金、銀、銅、鐵，作此菩薩，一瞻一禮者，是人百返，生於三十三天，永不墮於惡道……」。我們在感念地藏菩薩慈悲救拔之餘，也被高伯母的真誠願力感動。通過地藏菩薩的繡製，她已偷跑了一大段。老人家以九十三高齡，在幾乎失明的情況下，完成了第二幅繡像的百分之九十。在知道自己時日不多，完成不了時，還特別委託同學代她完成，並囑供養上海慎修庵地藏殿。最後她於二〇〇七年七月，在兒女、孫輩的陪伴下，在稱念地藏菩薩聖號和佛號聲中安詳往生。第一幅繡像現在還放置在美國雲霓山東山講堂，讓所有講堂的同學和來訪的朋友們，能經常瞻禮地藏菩薩摩訶薩。

南無地藏菩薩摩訶薩！

南無地藏菩薩摩訶薩！

南無地藏菩薩摩訶薩！

國家圖書館出版品預行編目(CIP)資料

地藏本願經白話講解 / 黃勝常編著 .-- 第一版 . -- 臺北市
: 東山講堂出版 : 紅螞蟻圖書發行 , 2016.06
面； 公分 . --（地藏法門 ; 1）
ISBN 978-986-80086-6-3(平裝)

1. 方等部

221.36 105003860

地藏法門 01

地藏本願經白話講解

編　　著 / 黃勝常
編　　輯 / 東山講堂編輯部
E-mail / dongshaninst@msn.com

定　　價 / 250 元
出版日期 / 2016 年（民 105） 6 月 第一版第一刷
總 經 銷 / 紅螞蟻圖書有限公司
地　　址 / 台北市內湖區舊宗路二段 121 巷 19 號（紅螞蟻資訊大樓）
網　　站 / www.e-redant.com
電　　話 / （02）2795-3656
傳　　真 / （02）2795-4100
ISBN / 978-986-80086-6-3